Geloof in poëzie

Theo Hettema (red.)

Geloof in poëzie

Godsdienstfilosofische bijdragen

voor

Han Adriaanse

ISBN 9789077787328 paperback
ISBN 9789077787335 gebonden
NUR 705, 306 (godsdienstwijsbegeerte & ethiek, poëzie)

© Bundel, Olive Press, 2011
© Essays, de respectieve auteurs, 2011

Omslagontwerp: Alfred Scheepers. Afbeelding van het schilderij *Nachtpauwoog*, 1885, van Vincent van Gogh.
Foto blz. 7: Willy Adriaanse.

Alle rechten voorbehouden. Geen deel van dit boek mag worden gereproduceerd, op welke wijze dan ook, zonder voorafgaande schriftelijke toestemming van de houder van het copyright of Olive Press als zijn/haar vertegenwoordiger.

All rights reserved. No part of this book may be reproduced in any form or by any means without prior written permission from the publisher.

Olive Press, Leeuwerikstraat 4-B, 1021 GL Amsterdam,
www.olive-press.eu
info@olivepress.nl

Inhoud

Woord vooraf 9

Udo Doedens
Een groet 11

Johan Goud
Een op de grens gezeten nachtpauwoog
Gedachten bij een gedicht van Simon Vestdijk 19

Aza Goudriaan
Laten we met God beginnen
Aratus, Phaenomena, 1-5 31

Elisabeth den Hartog-de Haas
Zielsverlatenheid en zielsnabijheid bij Szymborska 37

Theo Hettema
Alsoe langhe
Liefde en recht in poëtische taal 45

Inhoud

Kees van der Kooi
Good Friday 55

Pieter Korbee
Iets van de eeuwigheid
Bij Leo Vroman – Liefde, sterk vergroot 61

Henri Krop
Een 'wijsgeerig predestinatiegeloof'
Jarig Jelles over Spinoza
en een gedicht van P. C. Hooft 79

Herman Noordegraaf
Werkloosheid
Over Ida Gerhardt 89

Henk de Roest
... om al uw tekens te verstaan 95

Petruschka Schaafsma
Aanroepen
Bij Leo Vromans Psalmen I-XIV,
in 'Psalmen en andere gedichten' 99

Alfred Scheepers
Daar achter... een vrouw 109

Hent de Vries
Whitman's Miracles 121

Eindnoten 147

Prof. Dr. H. J. Adriaanse

Woord vooraf

TER GELEGENHEID VAN DE ZEVENTIGSTE verjaardag van Han Adriaanse op 11 april 2010 is er een feestelijke bijeenkomst geweest van Han en zijn partner Willy met zijn voormalige assistenten en promovendi. Bij deze gelegenheid is hem een vriendenbundel toegezegd, die nu onder de titel *Geloof in poëzie* verschijnt. Achttien leerlingen hebben meegedacht bij de presentatie van dit cadeau. Dertien van hen hebben een inhoudelijke bijdrage geleverd aan de bundel.

De combinatie van religie en taal heeft Han Adriaanse altijd gefascineerd. Die fascinatie sluit aan bij een hele 'linguistic turn' en 'hermeutical turn' in de filosofie. Han kan zich herkennen in de filosoof Paul Ricoeur, die heeft uitgedrukt hoe religie vooral in de poëticale dimensie van het bestaan tot uiting komt en tot haar recht komt.

Voor deze bundel hebben we de zoektocht naar religie en het poëticale toegespitst op het veld van de poëzie, daar waar de taal in verdichte vorm tot uiting komt en drager wordt van zingeving, religieuze vragen en antwoorden. Geloof in poëzie: het is in poëzie dat geloof en zingeving naar voren komen. Geloof in poëzie: wellicht is het ook een bijzondere

Woord vooraf

vorm van geloof die door de poëzie gefigureerd wordt, wars van het harnas van eenduidige, conceptuele taal. Geloof in poëzie: de poëzie presenteert ook haar eigen geloof, beleden in de schepping van nieuwe taal. We hopen dat de lezer zich laat meenemen door de kracht van de poëtica van de taal, zoals deze naar voren komt in de aangeboden bespiegelingen.
Geloof in poëzie!

Peter Bloemendaal, Udo Doedens,
Johan Goud, Aza Goudriaan, Nicolaas Groot,
Elisabeth Hartog-den Haas, Theo Hettema,
Pauline Kleingeld, Kees van der Kooi,
Pieter Korbee, Henri Krop, Arie Molendijk,
Herman Noordegraaf, Henk de Roest,
Peter van Rooden, Petruschka Schaafsma,
Alfred Scheepers, Hent de Vries

Udo Doedens
Een groet

Alpejagerslied
Voor E. du Perron

Een heer die de straat afdaalt
een heer die de straat opklimt
twee heren die dalen en klimmen
dat is de ene heer daalt
en de andere heer klimt
vlak vóór de winkel van Hinderickx en Winderickx
vlak vóór de winkel van Hinderickx en Winderickx van de beroemde
hoedemakers
treffen zij elkaar
de ene heer neemt zijn hoge hoed in de rechterhand
de andere heer neemt zijn hoge hoed in de linkerhand
dan gaan de ene en de andere heer
de rechtse en de linkse de klimmende en de dalende
de rechtse die daalt
de linkse die klimt
dan gaan beide heren
elk met zijn hoge hoed zijn eigen hoge hoed zijn bloedeigen hoge hoed
elkaar voorbij

Udo Doedens

vlak vóór de deur
van de winkel
van Hinderickx en Winderickx
van de beroemde hoedemakers
dan zetten beide heren
de rechtse en de linkse de klimmende en de dalende
eenmaal elkaar voorbij
hun hoge hoeden weer op het hoofd
men versta mij wel
elk zet zijn eigen hoed op het eigen hoofd
dat is hun recht
dat is het recht van deze beide heren

Paul van Ostaijen[1]

I

TWEE HEREN TREFFEN ELKAAR OP EEN straat in een stad. Het is zo op het oog een nogal kalme, symmetrische scène. Een heer komt van links, een heer komt van rechts. Beiden dragen een hoge hoed. Ze begroeten elkaar door allebei hun hoed af te nemen. En dan verdwijnen ze weer, de eerste naar rechts, de tweede naar links.

Ik heb dit gedicht altijd voor een nonsensgedicht gehouden. Het geeft een uitvoerige beschrijving van niets bijzonders. En toch zijn er een paar details in die maken dat het gedicht je pakt. Zo heeft het symmetrische tafereel van de dichter een zet gekregen alsof het was ingelijst en nu scheef aan de muur hangt. Hierdoor ligt de rechterkant van de straat hoger dan de linkerkant en zijn de heren geen wandelaars maar straatbeklimmers. Of zelfs alpenjagers. Het hoogteverschil verleent de verder zo rustige scène spanning. De heren schuiven niet met een vloeiende beweging langs elkaar heen, ze klimmen en dalen. En van de groet die ze uitwisselen als ze elkaar passeren verwacht je dat hij meer behelst dan een achteloos gebaar. Het moet de groet zijn van sportlieden, van lotgenoten die iets doen waar anderen buiten staan. Ik ken die groet van buschauffeurs die telkens als ze een collega tegenkomen een zware hand optillen en van zeilers die, weer of geen weer, naar andere zeilers zwaaien. Het zou goed kunnen dat ook bergwandelaars en bergbeklimmers gewoon zijn om elkaar te groeten. Willy en Han zullen dat wel weten. Nog sterker dan bij buschauffeurs en zeilers zal hun groet voortkomen uit het risico dat ze delen. Mensen in de bergen bevinden zich in een labiele situatie en de herkenning daarvan bij de ander leidt tot een groet.

Met de groet van de twee heren zijn enkele bijzonderheden verbonden. Allereerst is het opmerkelijk dat beide heren hun hoed lichten voor de deur van 'de winkel van Hinderickx en Winderickx / van de beroemde hoedemakers'. Opmerkelijk is dat zij als hoedendragers en trouwens ook als heen- en weergangers precies voor die deur hun hoeden lichten. De tweede bijzonderheid is, dat het lijkt of de dichter had gehoopt dat de heren zelf dit toeval hadden opgemerkt. Maar dat doen ze niet. Voor wie de spanningsopbouw in het gedicht volgt, is de spijt van de dichter merkbaar. Tweemaal loopt in het gedicht de spanning op. De eerste maal naderen twee heren elkaar bij een hoedenwinkel en mondt de spanning uit in het 'treffen zij elkaar'. De tweede maal echter, nadat de heren hun beide hoeden afgenomen hebben en een tweemaal herhaald 'dan' de verwachting heeft opgevoerd, verloopt de spanning weer. 'Dan gaan de ene en de andere

Udo Doedens

heer (...) dan gaan beide heren (...) elkaar voorbij', waarop de dichter met licht verwijt laat volgen: 'vlak vóór de deur / van de winkel / van Hinderickx en Winderickx / van de beroemde hoedemakers'.
Wat had de dichter van het treffen van de heren gehoopt? Dat is niet direct te zeggen. Een aanwijzing is het sarcasme waarmee hij spreekt over de verhouding van de heren tot hun hoge hoed. Terwijl de symmetrie van het gedicht de heren welhaast tot elkaars spiegelbeelden maakt en het hoogteverschil tussen beiden kan verdwijnen door een ontmoeting voor de winkel voor heen en weergaande hoedendragers, klampen de heren zich vast aan hun eigen hoed. Bij hun treffen nemen ze weliswaar een ogenblik dit bewijs van hun status af en gunnen de ander een blik op hun schedel, maar hun groet, die zoveel verstandhouding in zich zou kunnen dragen en een uiting zou kunnen zijn van beider inzicht in elkaars risicovolle bestaan, wordt geen gebeurtenis. De kracht waarmee elk van beiden vasthoudt aan 'zijn eigen hoge hoed zijn bloedeigen hoge hoed' is te groot. Hun treffen wordt geen ontmoeting. De heren gaan elkaar voorbij en zetten 'hun hoge hoeden weer op het hoofd'. 'Men versta mij wel', benadrukt de dichter: 'elk zet zijn eigen hoed op het eigen hoofd / dat is hun recht / dat is het recht van deze beide heren'.

2

Ik lees Van Ostaijens Alpejagerslied als een gedicht over een treffen dat geen ontmoeting wil worden. Wat in de weg staat, is het recht van de heren op hun eigen hoed. De dichter drijft met dit recht de spot door de heren te beschrijven als figuren die voor elkaar inwisselbaar zijn, hun hoed incluis. Ook

worden de aanspraken van beide heren op het eigendom van
hun hoed geïroniseerd doordat hun treffen plaatsvindt voor
de beroemde hoedenwinkel, waaruit mogelijk ook hun hoge
zijen afkomstig zijn. De gedachte dat hun hoed 'bloedeigen'
is, is dus lachwekkend en berust enkel op het kapitalistische
vooroordeel dat je je door betaling iets kunt toe-eigenen.

Van Ostaijen (1896-1928) was een bewonderaar van het
kubisme.[2] Wat deze stroming in de schilderkunst nastreefde, was wat hij als dichter beoogde: een wezensschouw van
de werkelijkheid. In zijn kunstkritieken en in zijn creatieve
werk keert hij zich tegen de subjectiviteit als kunstzinnige
bron en als toegang tot de werkelijkheid. Ervaring, emotie, waarneming enzovoort storen de wereld in haar zelfontvouwing. Beeldende kunst moet zich daarom verre houden
van afbeelding ('fysioplastiek', 'maniëristies naturalisme') en
gevoelsuiting ('barokekspressionisme') en zich in plaats daarvan laten leiden door een metafysische grootheid, 'de geest',
waardoor ze 'ideoplastiek' wordt. Analoog daaraan pleit hij
voor poëzie als 'een in het metafysische geankerd spel met
woorden'. Alle sporen van de dichter als individu, alle gevoelvolle bijvoeglijke naamwoorden en iedere poging tot
kunstige syntaxis moeten in de dichtkunst het veld ruimen.
Dit principe bracht Van Ostaijen zelf ertoe een tijd lang gedichten te schrijven die geheel bestaan uit kreten en flarden
van citaten. 'Metafiziese Jazz' is de kenmerkende titel van
één van die gedichten. Het is misschien niet zijn beste werk,
maar wel het meest karakteristieke. Na deze periode keert
Van Ostaijen, zonder zijn uitgangspunten op te geven, terug
tot meer conventionele poëzie. Het Alpejagerslied, een van
zijn laatste gedichten (1927), is daarvan een voorbeeld.

Keren we na deze poëticale tussenstap nog even terug naar
het Alpejagerslied, dan wordt onze blik nog sterker getrok-

ken door de winkel van Hinderickx en Winderickx, de beroemde hoedenmakers. De winkel vormt het metafysische decor waarin het treffen van de beide heren plaatsvindt. Wat had het voor beiden betekend als zij zich van dit decor rekenschap hadden gegeven? Ze hadden zich moeten verstaan met het inzicht dat kleren de man maken en dat hun bloedeigen hoge hoed uit een winkel komt. En omdat hun hoeden dus geen wezenlijke maar toevallige attributen zijn, hadden ze moeten erkennen dat het tafereel waarin zij acteren niet 'heer op wandeling' heet, maar 'alpejagers op klimtocht' of iets dergelijks. De heren zouden deze inzichten hebben beleefd als een onplezierig ontwaken. Immers, 'alle mensen slapen goed / die de deur op grendel weten'[3] en hun gezamenlijke confrontatie met de hoedenwinkel zou ontgrendeling hebben betekend.

Maar met zijn sarcastische beschrijving van de twee heren die, elkaar en de hoedenwinkel voorbij, hun eigen hoed in veiligheid brengen, suggereert de dichter dat ze beter hadden kunnen doen. Ze hadden elkaar op de winkel kunnen wijzen en daarmee de relativiteit van hun status kunnen toegeven. Daarna was het niet zo moeilijk meer geweest om het voor heren met hoge hoeden penibele dalen en klimmen ter sprake te brengen. Ten slotte hadden ze zich gezamenlijk kunnen afvragen wat de zin is van een hoedenwinkel in een alpine landschap. Zo hadden ze hun situatie onder ogen kunnen zien. Ze hadden hun status als wandelende heer-op-zichzelf kunnen afleggen en in plaats daarvan de gezamenlijke status van klimmer en daler kunnen aannemen. Maar in die hoedanigheid hadden ze elkaar kunnen begroeten en ze hadden kunnen bespreken welk profijt ze in hun nieuwe status konden trekken van de beroemde hoeden van Hinderickx en Winderickx.

Udo Doedens

3

Heeft het Alpejagerslied godsdienstwijsgerige implicaties? Een vraag om je aan te vertillen, maar met dat soort vragen werk ik dagelijks. Zoals we zagen, gebruikt Van Ostaijen met vrijmoedigheid het woord metafysica. Hij wil voorbij aan de grenzen die iemand als Kant aan het menselijke verstaan heeft gesteld. Hierbij wordt hij minder gedreven door sympathie voor een religieuze waarheid dan door onvrede met het geborneerde menselijke kenvermogen. Zijn argument vind ik sterk: het zijn de heren met hoge hoeden. Zij nemen geen notie van de winkel van Hinderickx en Winderickx, zij nemen geen notie van elkaar en met hun hoge hoed acteren ze een kalme wandeling, terwijl ze dalen en klimmen in een hellend stratenplan.

Misschien stelt het gedicht aan godsdienstwijsgeren de vraag: hoe voorkom je dat je als wijsgeer het perspectief van deze heren inneemt? Hoe kun je je kritische potentieel verhogen? Bij welke hoedenwinkel heb jij je hoed gekocht? Werkelijk kritische filosofie zou, afgaande op het Alpejagerslied, een metafysische einder vergen waartegen alle menselijke gezichtspunten afsteken als voorlopig en subjectief? Omdat ze voortdurend de zelfgenoegzaamheid van een voorlopig standpunt aan de kaak stelt, is deze kritische filosofie een sterk sarcastische onderneming. Maar volgens het Alpejagerslied heeft ze ook opbouwende kracht. Ze mikt op de erkenning en de begroeting die daarvan het gevolg is. Want vlak voor een hoedenzaak je bloedeigen hoed in de hoogte steken is dwaasheid, maar hem afnemen in een buiging naar de winkel en de ander tegenover je is een waarachtig en ontroerend gebaar.

Udo Doedens

Dr. U.G.M. Doedens studeerde theologie aan de Universiteit Leiden, waar hij promoveerde op het proefschrift Het eenvoudige leven volgens Søren Kierkegaard, Kampen: Ten Have, 1999. *Udo Doedens is predikant van de Hervormde gemeente te Gouda.*

Johan Goud

'Een op de grens gezeten nachtpauwoog'

Gedachten bij een gedicht van Simon Vestdijk

Vier thema's

EEN HOOFDMOTIEF VAN LITERATUURONderzoekers van de oude stempel was, zo zegt men wel, de bewondering voor meesterwerken. In onze tijd ligt dat anders. Structuralistische en postmoderne methoden hebben een relativerende benadering in de hand gewerkt. Ze richten zich op het weefsel van toevalsfactoren en intertekstuele verbanden dat in de tekst, zo als hij er ligt, doorwerkt. Ondermeer heeft dit tot een enorme vergroting van het onderzoeksterrein geleid. Voor literatuurwetenschappers is zeer veel, naar aard en niveau zeer uiteenlopend tekstmateriaal relevant geworden: columns en reclameteksten, poëzie van volksmenners en popsongs.[4] Er is geen reden aan de waarde van deze ontwikkeling iets af te doen. Toch moet ik bekennen dat ik me thuis voel bij het klassieke motief van de bewondering voor meesterschap en het daarmee verbonden respect voor morele subtiliteit en filosofische diepgang. De oude humanisten zochten inspiratie bij bewonderde voorbeelden van antieke *humanitas*. Zij inspireerden vervolgens zelf andere lezers die hen bewonderden. Een lezer in deze

Johan Goud

klassieke lijn is bijvoorbeeld George Steiner: 'Literary criticism should arise out of a debt of love', 'The old criticism is engendered by admiration. It sometimes steps back from the text to look upon moral purpose.'[5]

Tot de orde van klassieke lezers behoorde ook Simon Vestdijk (1898-1971). Een maatstaf was hij in vele opzichten, bij zijn leven voor deze en gene een 'gemeden maatstaf'[6], sedert zijn dood in toenemende mate een genegeerde maatstaf. Hij vertegenwoordigde die maatstaf als excellerend romanschrijver en dichter, maar ook als erudiet en bewonderend lezer. In die laatste hoedanigheid manifesteerde hij zich vooral in zijn essays en boekbesprekingen. Sommige daarvan hebben de omvang van een boek. Ook religieuze thema's – beter: thema's met een religieus aspect – komen daarin met grote regelmaat aan de orde. Ik noem een viertal: gemis, onthechting, rusteloosheid en eenheidsverlangen.

Gemis

Een centraal gegeven in Vestdijks werk is, naar bekend, de onbeantwoorde liefde van zijn alter ego Anton Wachter voor het geadoreerde meisje Ina Damman, in het bijzonder Antons daaruit voortvloeiende weten 'hoe onwankelbaar trouw hij blijven zou aan iets dat hij verloren had, – aan iets dat hij nooit had bezeten'.[7] Vestdijk bevestigde zelf meermalen hoe bepalend deze ervaring voor hem was en noemde haar zelfs zijn Beatrice- of Orpheus-ervaring.[8] Leven en liefhebben is afscheid nemen en missen, onherstelbaar missen. Vestdijk herkende dit besef in het werk van Emily Dickinson, toentertijd in Nederland nauwelijks bekend en door hem zelf geïntroduceerd in zijn eerste grote essay.[9] 'A loss of something ever felt I', schreef ze in één van haar gedichten. Ze was zich

Johan Goud

ervan bewust dat het gemis, de afwezigheid, 'haar wezenlijke staat van zijn was, en het onder woorden brengen daarvan de zin van haar bestaan.'[10]

Onthechting

Door Vestdijks werk, evenals door zijn leven, loopt een lijn van afzien en onthechting. De ontbeerde geliefde krijgt de trekken van een strenge Madonna, een *deinè* theos, een vreeswekkende godin, 'die hen die haar zoeken tot stervens toe jaagt, en alles opeist wat zij te geven hebben.'[11] De onthechting die de dienst aan haar eist, kan vele gezichten dragen. Dat van het reine verzaken, 'natuurspeling van het zelfbedwang', kenmerk van de Apollinische kunstenaar.[12] Dat van de harde vrouwendienst als in het spel met de gekleurde stuiter: het ingesmolten vrouwenbeeld 'verhard en onbereikbaar':

> Haar vlag trok spottend heen door 't glas,
> Haar lach weerklonk bij ied'ren stoot.[13]

Dat van een zich losmakende gelatenheid, zoals in het veelgeciteerde gedicht 'De uiterste seconde':

> Doodgaan is de kunst om levende beelden
> Met evenveel gelatenheid te dulden
> Als toen zij nog hun rol in 't leven speelden,
> Ons soms verveelden, en nochtans vervulden.'[14]

Rusteloosheid

Door Vestdijks werk loopt daarnaast ook een lijn van Dionysische rusteloosheid, verwarring en demonie, op de voor-

Johan Goud

grond staand in bijvoorbeeld zijn romans *Meneer Visser's hellevaart* (1936), *De nadagen van Pilatus* (1938), *De redding van Fré Bolderhey* (1946). In een fraai essay over de muziek van Mahler, die hij zeer bewonderde, schreef hij over het 'sacraaldemonische' daarin, dat boven de meer geordende religiositeit uitstijgt. Onder de heerschappij van het sacraal-demonische wordt het rusten in God opgegeven 'met de onverbiddelijkheid, niet van een vonnis, doch van de goddelijke blik, waarvoor de idylle en de ondergang van het bestaan geen tegenstellingen meer vormen.'[15]

Verlossing

Wat in Vestdijks werk treft, is het door alles heen – door gemis en isolement, onthechting en rusteloosheid – trekkende verlangen naar verlossing. Het geeft zijn denken en schrijven een religieuze dynamiek, maar kan vele en verschillende vormen aannemen. Martin Hartkamp trachtte die verschillende vormen onder de noemer van het verlangen naar eenwording en ongescheidenheid samen te nemen[16]: verlangen naar het niets, naar de dood, naar het prenatale, naar een boeddhistische overwinning van de begeerte, naar de zee, naar de symbiose met de moeder, naar de geliefde.

Hoe de verhoudingen hier precies liggen en of Hartkamps systematisering onder één noemer inderdaad houdbaar is, zou nader moeten worden uitgezocht. Op het eerste gezicht staan twee tendensen in een gespannen verhouding tot elkaar: Vestdijks hang naar mystieke introspectie, die hij in zijn indrukwekkende essay *De toekomst der religie* (1943, gepubliceerd in 1947) uitvoerig verantwoord heeft, en zijn nietzscheaanse voorkeur voor de aardsheid en de lichamelijkheid.[17] Door dit laatste perspectief wordt uiteindelijk ook zijn uit 150 sonnetten bestaande cyclus 'Madonna met de valken' beheerst. In het beeld van de daarin bezongen en gehate, vereerde en gemeden, maar hoe dan ook gevolgde en gediende 'Madonna met de valken' treedt in de laatste sonnetten de verschijning van de ongenaakbare moeder naar voren:

> *De Moeder blijft ons vóór tot 't eind der dagen,*
> *Te zekerder waar zij ons 't wreedst verstiet.*

Madonna met de valken

Vestdijk begon deze omvangrijke cyclus te schrijven gedurende zijn internering in het kamp St Michielsgestel, in 1942. In een brief aan Theun de Vries (28-2-1943) schreef hij: 'Van de poëzie die ik in het kamp schreef ... is ongeveer de helft gewijd aan een middeleeuws, half legendarisch onderwerp, dat ik zelf het beste vind, dat ik ooit schreef; een reeks van 150 sonnetten, getiteld *Madonna met de valken*.'[18] Hij schaafde eraan tot aan de publicatie in 1948. In het Vestdijkonderzoek is deze imposante cyclus tot nu toe 'een nog vrijwel braakliggend terrein' gebleven.[19] Dat een grondige analyse zeer de moeite waard zou zijn, blijkt al bij vluchtige lezing. Als een lange reeks glanzende kiemcellen – Vestdijks bekende metafoor voor het gedicht – bevat deze lange cyclus in de gedaante van een zelf gecreëerde mythologie vele van Vestdijks motieven en thema's: de gesublimeerde Ina Dammanervaring, de vrouwendienst die de troubadour zich oplegt, de vrouw die hem voorgaat in het hooggebergte[20], de te doorstane eenzaamheid en beproevingen, het streven naar verlossing, de dromen aangaande vrouw en kind, en zoveel meer. In het voorbijgaan passeren metafysische voorstellingen de revue en worden ze ter zijde gelegd.

In zijn briefwisseling met de bevriende dominee Henkels bekent Vestdijk dat hij gedurende zijn vier weken lange internering in de Scheveningse gevangenis (januari-februari 1943) 'vrij zonderlinge ervaringen op religieus gebied' heeft gehad, die hem een open oog hebben gegeven voor zijn 'religieuze behoeften'. Hij wil dat feit niet langer miskennen of verdonkeremanen, al blijft zijn mening dat alle geobjectiveerde religie en theologie 'flauwekul' is, ongewijzigd. Twee weken later schrijft hij aan Henkels: 'Mijn reacties waren volkomen infantiel; maar ik wilde alleen maar betogen, dat ik me daar niet voor geneer.'[21] Een neerslag van deze diep gevoelde ambiguïteit: enerzijds de religieuze behoefte, anderzijds de afwijzing daarvan, is bijvoorbeeld te vinden in het honderdnegentiende sonnet van de Madonna-cyclus:[22]

cxix

Waartoe, zoo Hij mij mint, zoo hemelhoog
Zijn troostrijk licht van mij vandaan gehouden?
Ik kan niet klimmen, en Hij wil Zijn gouden
Oogen niet laten zinken in mijn oog.

Met al Zijn liefde ben 'k de minst betrouwde,
Een op de grens gezeten nachtpauwoog,
Die met Zijn stralen zich vergeefs volzoog
In deze traag doorwiekte wereldkoude.

De afstand stijgt; ik voel mijn sterven al
De som vermeerd'ren Zijner ongenade,
En uit mijn oogen slinkt het laatste licht.

Johan Goud

Het Niets, die and're god van het heelal,
Houdt met de Vader zwevend evenwicht:
Op welke schaal ik sta is licht te raden.

De vier bovengenoemde motieven zijn alle in de cyclus 'Madonna met de valken' terug te vinden. In het zojuist geciteerde sonnet komt vooral dat van het *gemis* naar voren, de keerzijde van het verlangen naar eenheid en volledigheid. De 'ik', de geïmpliceerde dichter of beter troubadour, onderzoekt hier – godsdienstfilosofisch gesproken – de theïstische oplossing. Zijn bevindingen doen denken aan die van de Onwetende in diens door Multatuli geconcipieerde gebed: 'Hij is er niet, of hij moet goed zijn ... 't Stond aan hem zich te openbaren, en dit deed hij niet!'[23] Van Gods liefde en troostrijk licht merkt de onderzoekende dichter niets. De terzinen maken integendeel duidelijk dat hij groeiende afstand voelt, een slinken van het laatste licht, toenemende ongenade. Hij voelt zich op de schaal van het Niets staan, 'die andere god van het heelal'. In het direct volgende sonnet wordt deze gedachte weer in twijfel getrokken ('Maar was ik niets, dan had ik ook geen stem'), zoals in latere sonnetten opnieuw de theïstische droom opspeelt:

> *Want steeds nog, steeds nog laat 't zich niet beteug'len*
> *Opwiekend op Uw troon te willen fonk'len,*
>
> (sonnet 133)

In laatste instantie bepalend is echter de zelf gecreëerde mythe van de onbereikbaar verre moeder, de Madonna met de valken, hoezeer die mythe hem te midden van allerlei andere heilig en groots gewaande woorden ook vereenzaamt: 'Alleen *mijn* woord is in de wind niet thuis ... Ik raaskal van Madonna met de valken' (sonnet 143).

De nacht- en de dagpauwoog

Een indrukwekkende zelfkarakteristiek bevatten de centrale regels:

> *Een op de grens gezeten nachtpauwoog*
> *Die met Zijn stralen zich vergeefs volzoog*
> *In deze traag doorviekte wereldkoude.*

De nachtpauwoog is een in het donker actief wordende, opvallend grote en alleen daardoor al traag wiekende vlinder, die op zijn vleugels de opvallende ogen draagt waaraan hij zijn naam te danken heeft. In de kleuring van zijn vleugels domineren grijstinten. Het is alsof in het wit en zwart van zijn ogen het goud van Gods ogen en zonnestralen niet heeft kunnen doordringen. Hij zit daar op de grens tussen licht en donker, warmte en kou, en wijkt als het op kiezen aankomt uit naar het donker.

De 'wereldkoude' waarin de nachtpauwoog zich thuis voelt, doet denken aan het wereldbeeld van de somber gestemde Amerikaanse dichter E.A. Robinson. Vestdijk had grote bewondering voor deze door het puritanisme gestempelde dichter, wiens visie op het menselijk bestaan beheerst was 'door een besef van het Niets; er is geen verklaring, geen troost'[24]. Het contrast met de helder en bont gekleurde dagpauwoog, minnaar van het licht en de zonnewarmte, is groot. Het gedicht 'Psyche' van Ida Gerhardt, waarin de dagpauwoog als beeld van de menselijke ziel optreedt, kan dan ook als tegenhanger van Vestdijks gedicht worden gelezen:

Johan Goud

En ieder zag de purperen gloed, die op zijn vleugels lag;
de ogen, waar het aetherblauw in brandt.

'Onaangerand', zo eindigt dit gedicht, ontweek deze vlinder 'naar het blauw.'[25]

∾

Dit essay is, evenals de bundel waarin het verschijnt, een hommage aan mijn promotor en leermeester Han Adriaanse. Waar bevindt hij zich in dit contrast tussen de nacht- en de dagpauwoog? Ik denk aan een artikel dat hij bijdroeg aan de bundel *Een beetje geloven*.[26] Na lang wikken en wegen besluit hij daarin dat de eerlijke strategie van het denkend geloven, waaraan hij een zo groot deel van zijn denkkracht gewijd heeft, niet tot een verzoening van denken en geloven kan leiden. De weg naar het ongeloof wordt er niet door afgesneden. Hij vervolgt dan met een uiteenzetting over de irrationele aspecten van het geloof. Het is welbeschouwd een wonder, een passie; het vereist oefening in 'ontvankelijkheid voor de grote woorden waarin het geheim zich meedeelt', met alle middelen die daartoe kunnen worden ingezet: samenzijn, gebed, lied, dans, enzovoort. Na een regel wit sluit hij zijn artikel als volgt af: 'De vraag is na dit alles alleen: welke vrijzinnige is werkelijk gelovig?'

Hoe is Adriaanses positie te kenschetsen: als die van een op de grens gezeten nachtpauwoog, of eerder als die van een op de grens gezeten dagpauwoog? Dat hij zich bij voorkeur rondom de grens tussen licht en donker, koud en warm, geloof en ongeloof, beweegt, is duidelijk. Maar kan er, afgezien van die geprefereerde positionering iets meer over zijn identiteit worden vastgesteld? Een naar het hemelblauw toe wiekende dagpauwoog, of eerder een 'cryptoatheïst'[27], dus in de grond van de zaak een nachtpauwoog? Naar mijn mening komt ondanks alles de eerste typering het dichtst bij de kern. Het zojuist aangehaalde artikel bevestigt dat. Door de vraag die Adriaanse in de slotzin stelt, laat hij zich niet op of voorbij de grens met het donker terugwerpen. Het is immers een vraag die alleen gelovigen zichzelf willen stellen. Het verschil tussen deze rond de grens fladderende dagpauwoog en zijn op diezelfde grens gezeten en naar het donker neigende pendant lijkt klein, maar is voor vlinderaars duidelijk. Hoe lang ze ook hebben samen gezeten, als het erop aankomt gaan de twee verwant ogende vlinders uiteen.

In de al eerder vermelde brief aan dominee Henkels, die hij twee weken na zijn zonderlinge religieuze ervaringen in de gevangenis te Scheveningen schreef, noteerde Vestdijk: 'die religiositeit van mij valt erg mee, – of tegen, want de kansen op het 'geloof' taxeer ik met de dag lager, nu ik het weer zo goed heb en zo kalm en het knijpement tot het verleden behoort'.[28] Terwijl omgekeerd Adriaanse, zonder aan de eisen van intellectuele integriteit ook maar iets af te willen doen, nadrukkelijk aandacht vraagt voor het binnenaanzicht van het geloof. Hij doet dat met behulp van het door Milton Yinger bedachte beeld van het gebrandschilderde raam: 'Wie bij goed licht van binnen naar buiten kijkt, ziet allerlei prachtige kleuren; wie van buitenaf naar binnen probeert te kijken, krijgt niets te zien dan dof, grauw glaswerk.'[29]

De gratie van het halfduister

Deze typeringen zouden noch aan Han Adriaanse noch aan Simon Vestdijk (noch, voeg ik met de verschuldigde bescheidenheid toe, aan de auteur van deze bijdrage) recht doen,

Johan Goud

zo ze de indruk zouden wekken dat hun posities in laatste instantie van elkaar gescheiden en eenduidig zijn. Wat beiden kenmerkt is eerder het *va et vient* tussen de ene en de andere identiteit, de identiteit van de lichtzoekende dag- en die van de schemerende nachtpauwoog. Adriaanse heeft teveel energie geïnvesteerd in de kritiek op traditionele godsvoorstellingen en theologische kennispretenties om de scepsis achter zich te kunnen laten.

Daarom geef ik het laatste woord aan Vestdijk, die een briljant essay wijdde aan de waarde van het zonloze landschap en, daarmee verbonden, de melancholische wijsheid.[30] Hij levert daarin een genuanceerd commentaar bij de al te gemakkelijke nevenschikking van licht en donker, heldere en doffe coloratuur. Wie de dingen scherp in het oog wil krijgen, heeft de schemering nodig. Kleuren leven bij gratie van het halfduister, terwijl het licht van de volle zon de dingen juist voor ons verbergt – zoals de grote schilders weten. Was ik een schilder, ik zou 'nooit een koe met een glimlicht als dek afbeelden, zoals Willem Maris dat geregeld deed'. 'Coloristisch gesproken is het niet-diffuse licht een spelbreker.' Aan het eind van zijn essay past Vestdijk deze gedachten toe op het landschap van de ziel. In het halfduister van de melancholie ligt de bron van alle inzicht verborgen.

'Niet zozeer omdat het bestaan op zichzelf een droeve aangelegenheid zou zijn; maar omdat de melancholicus geduldiger en oplettender is dan de Vrolijke Frans, die door de wereld holt met zoveel zon op zijn rug, dat zelfs Willem Maris er geen koe van zou kunnen maken. De melancholicus laat zoveel licht toe in zijn besloten atmosfeer als nodig is om de voorwerpen te onderscheiden en zich te kunnen aanpassen aan hun objectief bestaan; de vrolijkerd daarentegen nodigt hen uit tot een rondedans, waarin hun eigen karakter

Johan Goud

verloren gaat, hun waardigheid te grabbel wordt gegooid, hun ware afmetingen zich verschuiven.'

Prof. dr. J. F. Goud studeerde theologie en wijsbegeerte aan de Vrije Universiteit te Amsterdam, Tübingen en Leiden. Hij promoveerde in 1984 op het proefschrift Levinas en Barth. Een godsdienstwijsgerige en ethische vergelijking, *Amsterdam: Rodopi, 1984. Johan Goud is hoogleraar theologische esthetiek (religie en zingeving in literatuur en kunst) aan de Universiteit Utrecht en remonstrants predikant in Den Haag.*

Aza Goudriaan
'Laten we met God beginnen'

Aratus, Phaenomena, 1-5

> To speak of God develops the character of a testimony very quickly, which I do accept, as testimonies, provided they come at the right time...
>
> H.J. Adriaanse[31]

I

DE GRIEKSE AUTEUR ARATUS BEGINT ZIJN werk *Phaenomena* met de volgende dichtregels:

Ἐκ Διὸς ἀρχώμεσθα, τὸν οὐδέποτ' ἄνδρες ἐῶμεν
ἄρρητον· μεσταὶ δὲ Διὸς πᾶσαι μὲν ἀγυιαί,
πᾶσαι δ' ἀνθρώπων ἀγοραί, μεστὴ δὲ θάλασσα
καὶ λιμένες· πάντῃ δὲ Διὸς κεχρήμεθα πάντες.
Τοῦ γὰρ καὶ γένος εἰμέν.[32]

In de Engelse vertaling van G.R. Mair luiden deze regels als volgt:

> From Zeus let us begin;
> him do we mortals never leave unnamed;

> *full of Zeus are all the streets*
> *and all the market-places of men;*
> *full is the sea and the havens thereof;*
> *always we all have need of Zeus.*
> *For we are also his offspring* ...³³

2

Het werk *Phaenomena* brengt twee geschriften over natuurverschijnselen over in dichtvorm. Het resulterende leerdicht werd een geliefd werk over het weer en over hemellichamen, dat ook na Aratus' eigen tijd – de vierde en derde eeuw voor Christus – nog door velen gewaardeerd werd. Het leerdicht begint met een inleiding van enkele regels en, meer specifiek, met een verwijzing naar de god Zeus. Aratus was uitstekend vertrouwd met het denken van de Stoa, en het ligt dan ook voor de hand om de verwijzing naar Zeus in een pantheïstische zin op te vatten als uitdrukking van de overtuiging dat de godheid de gehele werkelijkheid doortrekt.³⁴ Niet zonder reden schreef Frederick Fyvie Bruce dat wat Aratus hier 'Zeus' noemt, op te vatten is als 'de logos of het wereldprincipe dat alles animeert.'³⁵

Gegeven dit pantheïstische uitgangspunt was het voor Aratus eigenlijk niet zo moeilijk om te beginnen zoals hij begon. Want vanuit pantheïstisch perspectief is, waar men ook begint, het goddelijke in feite altijd in het geding. Ook de 'fenomenologie' kan dan moeiteloos met 'Zeus' beginnen.

Voor de hedendaagse fenomenologie lijkt een theologisch begin uitgesloten. Integendeel komt de fenomenologie volgens een recente woordvoerder zoals Dominique Janicaud niet aan theologie toe zonder eerst een 'draai' te maken.³⁶ Zo'n wending keurde Janicaud af: een fenomenologie die zich werkelijk aan de fenomenen wil houden, kan volgens hem geen theïstische ingrediënt hebben.[37] De mogelijkheid dat de fenomenen inherent op God zijn aangewezen, sluit Janicaud door een a-theïstische methode uit. Dat kan moeilijk een 'open' benadering genoemd worden en het is daarom niet verwonderlijk dat één van de fenomenologen die Janicaud kritiseerde als exponent van een *tournant théologique*, Jean-Luc Marion, in een vraaggesprek beweerde dat hij juist 'een veld van vragen wilde openleggen die de filosofie niet kon ignoreren.' Dan is ook de Godsvraag in het geding: *Dieu s'impose aussi comme un phénomène tangentiellement requis et descriptible, au moins dans ses effets...*[38]

3

Aratus begint met Zeus. Zou hij ook van mening zijn geweest dat het goddelijke eerder gekend wordt dan alle verschijnselen om ons heen? De stelling dat God het eerste is wat het mensenverstand kent, hebben diverse auteurs in de Middeleeuwen verdedigd.[39] Aratus brengt deze gedachte in de geciteerde regels echter niet met zoveel woorden tot uitdrukking. Wel schrijft hij: 'Wij mensen laten hem [Zeus] nimmer ongenoemd.' Daarin is de opvatting te beluisteren dat al wat mensen waarnemen, kennen en dan ook benoemen, verbonden is met het goddelijke. Maar zelfs als Aratus die gedachte had, hoefde hij niet te impliceren dat God als eerste gekend wordt. De *ordo docendi* hoeft niet samen te vallen met de *ordo inveniendi* of *cognoscendi*.

Een theologisch begin vindt overigens steun in G.W.F. Hegels *Wissenschaft der Logik*. Dit werk bevat een hoofdstuk over de vraag 'Womit muß der Anfang der Wissenschaft gemacht werden?' In zijn bespiegelingen over die vraag doet Hegel een uitspraak die weliswaar tussen haakjes geplaatst is en die als zodanig onder de verdenking staat van nog niet *zur Ende gedacht* te zijn, maar die op zichzelf duidelijk genoeg is: *das unbestrittenste Recht hätte Gott, dass mit ihm der Anfang gemacht werde.*[40]

4

Op de Areopagus in Athene heeft de apostel Paulus een uitdrukking geciteerd die onder meer bij Aratus te vinden is: 'Want wij zijn zijn geslacht' (Handelingen 17:28). Wat Aratus uitsprak met het oog op Zeus verklaarde Paulus daarmee geldig met betrekking tot de God van de Bijbel, de Schepper van de wereld.[41] De Romeinenbrief veronderstelt dat alle mensen een besef hebben van de ene ware God, Die 'uit de schepselen' gekend wordt (1:20) – zodat deze Godskennis dus kennis van de schepselen veronderstelt.

Het christelijke denken kan, *mutatis mutandis* naar analogie van Aratus, met God beginnen. Het heeft bovendien te doordenken dat God het begin *is*. Hij is, zoals bijvoorbeeld bij Jesaja te lezen is, de Eerste en de Laatste (41:4; 44:6). Die unieke goddelijke eigenschap is ook aan Jezus Christus eigen: 'de Alpha en de Omega, het Begin en het Einde, de Eerste en de Laatste' (Openbaring 22:13; zie 21:6). Met God beginnen, correspondeert zo met wie Hij *is*.

Aratus' versregels attenderen ook op de menselijke afhankelijkheid van God. Dat afhankelijkheidsbesef is onder meer terug te vinden in de liturgie die de gereformeerde Synode van Dordrecht in 1574 voorschreef. De kerkdienst begint met een votum en het votum begint met God: 'Onze hulpe staat in den naam des Heeren die hemel en aarde geschapen heeft.'[42] De synodale vaderen zullen gemeend hebben dat de innerlijke houding die zich in dit votum uitspreekt in het christenleven tot het einde toe vol te houden is.

Dr. A. Goudriaan studeerde theologie te Leiden en München. Hij promoveerde in 1999 op het proefschrift Philosophische Gotteserkenntnis bei Suárez und Descartes im Zusammenhang mit der niederländischen reformierten Theologie und Philosophie des 17. Jahrhunderts, *Leiden, Brill: 1999. Aza Goudriaan is universitair docent patristiek aan de theologische faculteit van de Vrije Universiteit Amsterdam.*

Elisabeth den Hartog-de Haas
Zielsverlatenheid en zielsnabijheid bij Szymborska

Een titel hoeft niet

Hier zit ik dan onder een boom,
aan de oever van een rivier,
op een zonnige morgen.
Een nietige gebeurtenis
die niet de geschiedenis ingaat.
Hier zijn geen veldslagen en pacten
waarvan de motieven worden onderzocht,
of gedenkwaardige tirannenmoorden.

Toch zit ik aan de rivier, dat is een feit.
En als ik hier ben,
moet ik ergens vandaan zijn gekomen
en daarvoor
op nog vele andere plaatsen zijn geweest,
net als de veroveraars van landen
voor ze aan boord gingen.

Zelfs een vluchtig ogenblik heeft een rijk verleden,
zijn vrijdag voor zaterdag,

Elisabeth den Hartog-de Haas

zijn mei die aan juni voorafging.
Het heeft zijn eigen horizonnen, even werkelijk
als die in de veldkijkers van bevelhebbers.

De boom is een populier die hier al jaren wortelt.
De rivier is de Raba die langer stroomt dan vandaag.
Het paadje is niet eergisteren pas
door de struiken gebaand.
Om die wolken te kunnen verjagen
moet de wind ze eerst hierheen hebben gewaaid.

En hoewel in de buurt niets groots gebeurt,
is de wereld daardoor nog niet armer aan details,
niet slechter gefundeerd, niet zwakker gedefinieerd
dan toen volksverhuizingen haar in hun greep hielden.

Niet alleen geheime complotten zijn in stilte gehuld.
Niet alleen kroningen gaan van een gevolg
van oorzaken vergezeld.
Rond kunnen niet alleen de jubilea van opstanden zijn,
maar ook de omspoelde steentjes aan de waterkant.

Dicht en verstrengeld is het borduursel van de omstandigheden.
De steken van de mier in het gras.
Het gras dat aan de aarde is genaaid.
Het patroon van een golf waardoor een twijgje wordt geregen.

Het is zo gegaan dat ik hier ben en kijk.
Boven me fladdert een witte vlinder in de lucht
met vleugeltjes die alleen van hem zijn
en over mijn handen vliegt zijn schaduw,
geen andere, niet zomaar een, alleen de zijne.

Elisabeth den Hartog-de Haas

*Wanneer ik zoiets zie, verlaat me altijd de zekerheid
dat wat belangrijk is
belangrijker is dan wat onbelangrijk is.*[43]

OOIT TOOG PROFESSOR ADRIAANSE MET zijn doctoraalstudenten naar het vakantiehuis van professor Heering in Zuid-Frankrijk. Overdag lazen we Heideggers *Identität und Differenz* en 's avonds discussieerden we over van alles en nog wat. Er was ook een dag vrijaf gepland voor een door professor Adriaanse als 'wandeltocht' aangekondigde dagmars, waarin hij ons de omgeving wilde laten zien. In de vroege ochtend ging iedereen op pad om pas tegen het vallen van de avond uitgeput huiswaarts te keren. Had men nu de omgeving gezien? Over welke afstand dient men zich in welk tempo te verplaatsen om dat doel te bereiken? Volgens professor Adriaanse is daartoe een flinke afstand, liefst in draf afgelegd, optimaal. De mogelijkheid, dat men rustig gezeten, turend over de velden tot een minstens zo goede waarneming van de omgeving zou komen, is door professor Adriaanse nooit overwogen, laat staan serieus genomen. Misschien, dat een gedicht van Szymborska daar alsnog verandering in brengen kan.

ↀ

Een beheersend thema in het dichtwerk van Szymborska wordt mijns inziens gevormd door de vraag naar de ziel. Nu klinkt deze stelling wel wat gewaagd, aangezien de poëzie van Szymborska weinig expliciete uitspraken over de ziel bevat. En voorzover het dergelijke uitspraken bevat, gaan deze toch vooral over de afwezigheid van de ziel. Een gedicht als 'Enige woorden over de ziel' bijvoorbeeld heeft de lange perioden van zielsverlatenheid tot onderwerp, die tijdens het leven optreden. En met de haar eigen humor beschrijft Szymborska hoe de ziel op al die momenten, dat men wel wat hulp gebruiken kan, schittert door afwezigheid.[44]

In welke zin kan dan beweerd worden dat de ziel het beheersende thema van Szymborska's dichtwerk is? Welnu, de ziel is voor Szymborska's poëzie wat het licht is voor een impressionistisch schilder. De ziel schenkt namelijk de luciditeit die de verwondering over het gewoonste en vertrouwdste mogelijk maakt. En zoals impressionistische schilderijen de schittering van het licht reflecteren, zo verwijzen de gedichten van Szymborska naar de ziel. Het ongezegde, waarvan Szymborska's poëzie leeft, is met andere woorden het moment van bezieling, dat het vermogen tot verwonderend verwijlen bij het niet eerder opgemerkte wekt. Deze verwondering laat zich niet oproepen, maar meldt zich spontaan, wanneer het alledaagse zich als het ware voor het eerst 'echt' laat zien. Dat moment van bezieling vormt de dragende grond van Szymborska's poëzie.

Zo belangrijk als de ziel is voor haar poëzie, zo sporadisch laat Szymborska zich over haar uit. Worden Szymborska's verspreide uitspraken over de ziel samengevoegd, dan blijken zij een vrij ongebruikelijke opvatting te behelzen, een opvatting echter, die curieus genoeg nogal wat raakpunten met Heideggers denkbeelden over authenticiteit vertoont. In het onderstaande zal Szymborska's opvatting van de ziel aan de hand van deze raakpunten verkend worden. Heideggers opvatting van authenticiteit fungeert met andere woorden als een hulpconstructie aan de hand waarvan de samenhang tussen de verspreide opmerkingen van Szymborska zichtbaar wordt.

Een eerste raakpunt betreft Szymborska's verwerping van de traditionele opvatting van de ziel als beginsel, dat met een persoon gedurende zijn leven verbonden blijft:

> *Een ziel heb je zo nu en dan.*
> *Niemand heeft haar ononderbroken*
> *en voor altijd.*[45]

De opvatting dat de ziel niet permanent, maar slechts incidenteel aanwezig is, zal niet vaak van de kansel verkondigd worden, maar strookt wonderwel met Heideggers opvatting van authenticiteit. Bij herhaling heeft Heidegger immers duidelijk gemaakt dat authenticiteit geen blijvende verworvenheid vormt. Een volgend raakpunt betreft de benaming van de ziel. Wanneer de ziel door Szymborska als 'Niets' of 'afgrond' aangeduid[46] wordt, kiest zij dezelfde termen als Heidegger voor de gewaarwording van mogelijke authenticiteit gebruikt. Opvallend is bovendien, dat de ziel zich op dezelfde wijze lijkt te manifesteren als het geweten bij Heidegger. Zoals het geweten de aanzet tot een wending naar authenticiteit geeft door de mens met zijn schuld te confronteren, zo spreekt de ziel de mens aan op zijn tekortkoming jegens haar:

> *Klaag me niet aan, ziel, omdat ik je zo zelden heb.*[47]

Overigens wordt de reactie van het ik op deze aanklacht in het vervolg van het gedicht niet beschreven. Onduidelijk blijft dus, of de ik-persoon schuld erkent of dan wel deze met de woorden 'Klaag me niet aan' van de hand wijst. In een ander gedicht komt evenwel naar voren, dat ziel en ik-persoon wederzijds op elkaar aangewezen zijn en bij elkaar over en weer in het krijt staan:

> *Het ziet er naar uit*
> *Dat net als wij haar*
> *Zij ons ook*
> *Ergens voor nodig heeft.*[48]

Hoe valt deze reciproque relatie te duiden? In dit verband zou Heideggers opvatting over de verhouding tussen het Zijn en de mens behulpzaam kunnen zijn. Volgens Heidegger geeft het Zijn te denken, maar is het Zijn ook aangewezen op de explicatie van het Zijn door de mens. In lijn met deze opvatting zou de ziel luciditeit en verwondering schenken, maar ook aangewezen zijn op de verwoording van die verwondering in het gedicht. Een vijfde raakpunt is gelegen in de omschrijving van de ziel als 'nu eens zeker, dan weer onzeker van haar bestaan.'[49] Deze omschrijving is ook op de authenticiteit van toepassing, waarvan immers gezegd kan worden, dat de mens deze nimmer zeker is en nooit blijvend bezit. Net als authenticiteit is ook zielsnabijheid een bijzondere gemoedsgesteldheid, waarover de mens geen beschikking heeft. Een laatste raakpunt tussen de opvattingen van Szymborska en die van Heidegger betreft hun kritiek op de gebruikelijke wijze van spreken over de dood. Aan Szymborska's bijtend scherpe weergave van het geleuter, waarmee men tijdens een begrafenis het besef van eigen sterfelijkheid verdringt, zou Heidegger waarschijnlijk weinig toe te voegen hebben.[50]

Het grote aantal raakpunten tussen zielsnabijheid en authenticiteit laat onverlet, dat er ook een verschil aan te wijzen valt. Zo is er bij Szymborska geen parallel te vinden voor de enigszins ronkende heroïek, die Heideggers beschrijving van authenticiteit kleurt. Zielsnabijheid kenmerkt zich bij Szymborska niet door onverschrokkenheid of heldhaftigheid, maar door een onverwachte luciditeit, waarin het volkomen triviale bezienswaardig wordt. Op deze momenten van luciditeit, die overigens aan de Heideggeriaanse notie *Augenblicklichkeit* doen denken, verliest het vertrouwde de grauwe sluier van banaliteit om in zijn magistrale enkelvoudigheid en onherhaalbaarheid tevoorschijn te treden. Over zo'n moment van luciditeit gaat het gedicht 'Op Klaarlichte Dag':

> *Het zou voorkomen dat van de drempel iemand riep*
> *'Meneer Baczynski, telefoon voor u'–*
> *en er zou helemaal niets geks aan zijn*
> *dat hij dat was, en zijn trui recht trekkend opstond*
> *en dan rustig naar de deur toe liep.*
>
> *Geen gesprek zou hiervoor onderbroken worden,*
> *niemand zou halverwege een gebaar of ademhaling stokken,*
> *omdat iets zo gewoons – wat jammer alleen, wat jammer –*
> *ook als iets gewoons beschouwd zou worden.*[51]

Maar dan nu terug naar de vraag uit de inleiding aangaande het voor de waarneming van de omgeving optimale wandeltempo. Wat hebben zielsnabijheid, authenticiteit en luciditeit met een mogelijk antwoord op deze vraag van doen? De cruciale vraag is mijns inziens of een wandeling tot lucide waarnemingen leiden kan. Vermoedelijk is dit niet het geval. Een wandeling vergt namelijk nogal wat oplettendheid voor stronken, keien of andere obstakels op het pad. Deze oplettendheid staat het optreden van zielsnabijheid in de weg. Want ook al kan men deze gemoedsgesteldheid niet afdwingen, men kan wel gunstige condities scheppen voor haar eventuele optreden. Men kan zich ontvankelijk maken voor een moment van luciditeit door de tijd te nemen om te kijken en het ongeziene de gelegenheid te geven om het blikveld te betreden. Een wandeltocht, hoe rustig ook afgelegd, voldoet niet aan deze voorwaarde, omdat de wandelaar zijn aandacht steeds moet verdelen over het pad, het uitzicht, de kaart, het gezelschap enzovoorts. Daardoor kan de wandelaar niet op het niveau van waarneming geraken, waarover Szymborska spreekt. En alleen op dat niveau kan de luciditeit optreden, waarin het concrete tot epifanie van het absolute wordt.[52] Ongrijpbaar en kortstondig als de zielsnabijheid is, fladdert haar schaduw als van een vlinder over de eigen hand voorbij.

Dr. E.E. den Hartog-de Haas studeerde filosofie en theologie aan de Universiteit Leiden. Zij promoveerde op het proefschrift Sein und Zeit *als reconstructie van de wending tot authenticiteit, Budel: Damon, 2005. Elisabeth den Hartog-de Haas werkt als universitair docent aan de Open Universiteit te Heerlen.*

Theo Hettema
Alsoe langhe

Liefde en recht in poëtische taal

> ...*alsoe langhe,*
> *soe di wynd fan dae vlkenum wayth*
> *ende ghers groyt*
> *ende baem bloyt*
> *ende dio sonne optijocht*
> *ende dyo wrald steed...*

ER LIGT EEN ONSTUIMIGE, POËTISCHE kracht in een Oudfries vers uit de vijftiende eeuw, waarin iemand een eed voor eeuwig zweert:

> *zolang de wind van de wolken waait*
> *en gras groeit en*
> *boom bloeit*
> *en de zon opgaat*
> *en de wereld bestaat...*[53]

De kracht van de alliteratie gaat ook in vertaling niet verloren: de wind van de wolken waait, gras groeit, boom bloeit. De assonantie van de o's in de opgaande zon, het eindrijm van wat groeit en bloeit en dan nog de herhaling van het bijna naïeve 'en(de)', dat in zijn herhaling de oneindigheid nog eens benadrukt: allerlei poëtische middelen komen samen om iets te bezweren dat voor altijd moet bestaan. Dit vers heeft de allure van een Friese Shakespeare, waarbij een Romeo (of moeten we hem Roemer noemen?) aan zijn geliefde bezweert dat zijn liefde voor eeuwig en altijd zal duren en daarbij wind en wolken aanhaalt als getuige van alle natuurverschijnselen die eeuwig doorgaan. 'Rozen verwelken, bloemen vergaan, maar mijn liefde voor jou blijft eeuwig bestaan,' maken wij er op poesiealbumniveau van. Dat is maar een schamele weerspiegeling van dit middeleeuwse vers, waarin de oneindigheid en onstuimigheid van het (zeker toenmalige) Friese landschap zich vermengt met de intense geladenheid van wat de spreker wil uitdrukken.

Het past de hermeneut ook bij dit poëtische vers een vruchtbare distantie te creëren. Met enige spijt nemen we dus voor het moment afscheid van een geëvoceerde Friese Romeo, die zijn eeuwige liefde voor een blondgelokte Friese schone wil verklaren onder het aanroepen van wolken en zon. Een al te romantische interpretatie wil ik in ieder geval blokkeren door te noemen dat dit vers geen allerindividueelste expressie van een allerindividueelste emotie is. Van dit vers komen meer varianten voor. De frisicus Oebele Vries vermeldt er zo'n vijftien.[54] Ik noem een paar mooie varianten als:

> ... alzo langh als wijnt wayet ende kynt scrayet,
> gres groyet ende bloem bloyet.
> ... also longe so lond lidze and tha liude libbe.

... alsoe lange alsser dawa falt, pot walt, gers groyet, baem bloyet.[55]

In de eerste genoemde variant levert het bloeien van de bloem een nog fraaiere alliteratie op dan de bloeiende boom. Bij het werkwoord 'bloeien' zouden we ook eerder denken aan een bloem dan aan een boom. Toch is het de boom die in de meeste varianten van het vers voorkomt. Waar het bloeien van een bloem verbonden is aan vergankelijkheid, daar is een boom veel meer verbonden aan een taalveld van langdurigheid. En daar gaat het om in de varianten van deze formule.

Nu gebruik ik het woord formule in plaats van vers – en daarmee verschuift ons citaat van het poëtische gebied naar het juridische. Dat is inderdaad de context waarin we de tekst moeten plaatsen. In het bijzonder gaat het dan om het toepassen van de zogenaamde 'vredeban'.

Voor de toepassing daarvan moeten we een duik nemen in de Friese rechtsgeschiedenis. In de Karolingische tijd was het oude Friese, plaatselijke gewoonterecht verzameld in de zogenaamde Lex Frisionum. In de hoogmiddeleeuwen na 1100 was het de bisschop van Utrecht die juridisch enige zeggenschap kreeg in de gebieden van wat nu Groningen, Friesland en Drenthe heet. De plaatselijke rechtspraak met 'atten', gezworenen, zal voor een groot deel bewaard zijn gebleven. Maar daarboven werd een structuur gecreëerd van regionaal recht, gesproken door de schout of grietman en een hoger recht, dat door de verzamelde schouten en de bisschop of zijn vertegenwoordiger werd gesproken. De graaf van Holland nam de jurisdictie van de bisschop van Utrecht over, maar zijn macht taande in de veertiende en vijftiende eeuw, de periode waarin de zogenaamde Friese Vrijheid bloeide. In die periode komt opnieuw de behoefte op om het Friese gewoonterecht vast te leggen. De vijftiende eeuw levert de verzameling 'eeuwigheidformules' op, waarvan er dus zo'n vijftien varianten zijn. Met de komst van het Saksische recht na 1498, wanneer de Saksische hertog zeggenschap in de Noordelijke Nederlanden krijgt, valt het gebruik van de eeuwigheidsformule weg.[56] We hebben dus te maken met een juridische eeuwigheidsformule. Deze formule heeft met name in de 'ferdban' of 'vredeban' een rol gespeeld.[57] Bij deze vredeban moeten we denken aan een afdoende uitspraak van een lagere rechter over kwesties van onroerend goed. De 'ban' betekent de verbinding van een eigenaar aan een stuk land. De vredeban is dan 'een plechtige handeling van den rechter waarbij hij een eigenaar uit en een nieuwen eigenaar in het goed 'bant' en vervolgens daarover vrede gebiedt.'[58] Met een eeuwigheidsformule wordt de zaak vervolgens voor eens en altijd beslecht. In alle ingewikkelde kwesties rond eigendom en eigendomsoverdracht had deze eed een zware waarde.

Uit de Friese rechtstraditie kennen we het zogenaamde 'kestigia', het procesvoeren door middel van het zweren van eden.[59] Als iemand het bezit van onroerend goed bij een ander wil betwisten, kan hij dat doen door het eisen van zes of twaalf getuigen bij de beklaagde partij, die zweren de waarheid te spreken, waarna de rechter uitspraak doet. Wijst de rechter de claim toe, dan is er automatisch sprake van meineed bij de beklaagde partij en diens zwerende getuigen, wat zwaar bestraft wordt. We kunnen ons voorstellen hoe het gebruik van gezworen eden een van de weinige bewijsrechtelijke middelen is in een rechtssysteem waar land en eigendom niet door een centrale leenheer aan leenmannen wordt toegewezen, maar waar eigendomsrecht door betwistbare tradities uit woelige tijden waarin weinig is vastgelegd moet worden geclaimd. Dat de beklaagde partij daarbij niet onschuldig is tot het tegendeel bewezen is, behoort tot de eigenaardigheden van het Germaans recht, dat dus in Friesland, na een aanvankelijk meer Romaans georiënteerd systeem onder de bisschop van Utrecht en de graaf van Holland, weer opleefde aan het slot van de middeleeuwen.

Met deze achtergrond beseffen we iets van het gewicht van de eeuwigheidsformule. Wanneer de context onroerend goed betreft (het bezit van land, het gebruik van sloten), valt ook te begrijpen waarom bij het zweren vooral op zaken van land en landbouw een beroep wordt gedaan.

Maar zo gemakkelijk is onze tekst niet in een kader te plaatsen. We blijven in het gebied van het oudfriese recht, maar moeten vervolgens constateren dat onze tekst niet in de context van de vredeban gebruikt is. De variant die ik heb gekozen komt namelijk uit een andere vorm van het Germaanse gebruiksrecht dat aan het einde van de middeleeuwen in Friesland opgeld deed. Het betreft een 'freedeed', een eed bij het juridische verzoenen van een vete. Door het doden van een persoon is een vete ontstaan, die tot meer doodslag zal leiden omdat de familie van de vermoorde persoon wraak eist. De zaak wordt voor de rechter gebracht, die een uitspraak doet over schadevergoeding (*wergeld*), waarna vervolgens de familieleden van de omgekomen man moeten zweren dat ze van verdere vergelding af zullen zien:

Soe i thisse lioden, ther j alheer vnder ede ladeth zijn wm her N daedbannende, ende alla da jenne, ther j hana, willeth halda mit festa trouwen ende een fulle ende festen ferde alanch ende alderlang ende alsoe langhe, soe di wynd fan dae vlkenum wayth ende ghers groyt ende baem bloyt ende dio sonne optijocht ende dyo wrald steed; dat j dat ne lete vm mannis rede, om frouwen sponste ner vm ju seluis tochta ner om nene seckum, ther ioe framia ief scadia moghe. The ioe God also helpe etc.[60] [61]

[Zweer] dat u tot deze mensen, die om u hier ter ede genodigd zijn vanwege de doodslag van de heer N., en tot allen die u aanklaagt, met vaste trouw zult bewaren een volle en vaste vrede voor eeuwig en altijd en zolang de wind van de wolken waait en gras groeit en boom bloeit en de zon opgaat en de wereld bestaat. [Zweer] dat u dat niet zult laten door de raad van een man, door de verleiding van een vrouw, noch door eigen overweging of enige andere zaak die u kan bevoordelen of schaden. Zo helpe u God [en al zijn heiligen tot een rechte eed en moge die helemaal zuiver zijn].

Slechts eenmaal komt de eeuwigheidsformule voor in het kader van het beslechten van een vete. Dat hoeft niet helemaal te verbazen. Het beslechten van de vete met vergoeding en het zweren van een eed is immers geen vorm van strafrecht, maar ook een vorm van het compenseren van economische waarde, voor het oog van de rechter onderling te regelen.

Geplaatst in het geheel van de juridische formule komt het poëtische karakter van het fragment des te sterker naar voren. De woordherhaling vinden we ook terug in de overige zinnen, evenals enige alliteratie (fulle ende festen ferde, alanch ende alderlang; een volle en vaste vrede, eeuwig en altijd), maar de poëtische verdichting van de taal is het grootste in het fragment, dat met een zekere zelfstandigheid in mondelinge overlevering door de geschiedenis heengegaan moet zijn en hier in het kader van het beslechten van een vete is opgenomen.

Het is fascinerend dat schriftelijk vastgelegde rechtstaal een mondelinge overlevering moet hebben opgenomen die zo'n poëtische kracht heeft.⁶² Geen liefdestaal is het, maar wel taal die een grote intensiteit moest uitdrukken waar geen andere bewijskracht voorhanden was. Waar die intensiteit gewenst is, komt de taal in haar verdichte vorm, dat is: als poëzie, naar voren.

Liefde en recht

Dat brengt me tot een meer filosofische doordenking van deze poëtische rechtstaal. Blijkbaar zijn er momenten in de rechtsontwikkeling waarin de juridische taal zich mengt met een ander discours, momenten waarop de taal zich verdicht, omdat daaraan een juridische behoefte is. Zulke momenten plaats ik niet aan een verondersteld oerbegin van het juridische discours. Dat zou aan de lezer de suggestie meegeven dat er in een mythische oertijd nog poëtische schoonheid en souplesse in de taal lag en dat deze gaandeweg verloren is gegaan – *o tempora, o mores*. Het kan zijn dat in vroeger tijden poëzie en rechtstaal een ferm verbond hebben gevormd, maar het getuigenis hiervan vinden we voor deze formule alleen in de late middeleeuwen, op het moment van een zeker vacuüm tussen twee rechtssystemen, in zaken waar de rechtsgang zich niet kan beroepen op onbetwistbare feiten maar behoefte heeft aan een zekere verzwaring van getuigende taal.

Dat leidt mijn gedachten naar wat Paul Ricoeur te berde heeft gebracht over de semantiek van het getuigenis.⁶³ Ricoeur verbindt de betekenis van het getuigenis aan de rechtsgang, waarin iets wat gezien is omgezet wordt in een te horen getuigenis voor een rechter. Het dringende van de getuigende taal is verbonden aan de existentiële inzet van de getuige, die bereid is alles te geven voor zijn getuigenis. Het getuigenis zegt uiteindelijk meer over de getuige dan over wat betuigd wordt. Het getuigenis is zo geen taal meer over een handeling maar zelf een handeling, een betuigen van de getuige. 'Le témoignage est l'action elle-même en tant qu'elle atteste dans l'exteriorité l'homme intérieur lui-même, sa conviction, sa foi.'[64] Het spannende voor Ricoeur is, dat in en door de taal van het getuigenis een element van het absolute inbreekt in de gewone taal. (In het vervolg van het artikel zal Ricoeur dat gebruiken om de religieuze dimensie van het getuigenis in profetische taal aan de orde te stellen.) Dit inbreken van het absolute betekent voor Ricoeur echter geen breken van de taal. De taal ontvouwt zich in nieuwe vormen.

Het is duidelijk dat die nieuwe talige vormen zich er voor lenen om drager te worden van meer dan het gewone en gebruikelijke. Zo hebben we dat hierboven ook gezien: in de verdichting van de taal kan een aspect van getrouwheid en zelfs verknochtheid naar voren komen dat in de gebruikelijke rechtstaal ontbreekt.

Dit is precies een relatie die Ricoeur interesseert. In een lezing over 'Amour et justice' is hij uitgebreid ingegaan op de dialectiek die kan ontstaan tussen de noemers liefde en rechtvaardigheid.[65] Het is niet moeilijk het verschil tussen beide te benoemen. De notie rechtvaardigheid komt voort uit het prozaïsche juridische taalveld. Deze notie moet het hebben van zijn formele kracht. Daar tegenover staat de liefde, die gedragen wordt door poëtische taal, en zijn kracht verkrijgt in het gebied van het meer dan gewone, het overstijgen van de reciprociteit.[66]

Spannend wordt het echter pas als we niet alleen een dichotomie tussen de twee noemers constateren, maar zoeken naar hun verbinding. Dat doet Ricoeur in de genoemde lezing door te wijzen op de zogenaamde veldrede van Jezus in Lucas 6:17-49.[67] In deze rede presenteert Jezus een formulering van de Gulden Regel: 'Tot jullie die naar mij luisteren zeg ik: heb je vijanden lief, wees goed voor wie jullie haten' (Luc. 6:27). Hier wordt de liefde gemaakt tot een gebod: heb lief! Dat is een paradox, die met de gebruikelijke logica van de equivalentie niet te bevatten valt. Hier moeten we het hebben van een 'logique de surabondance'.[68] Waar de gulden regel dreigt vast te lopen in een utilistische maxime *do ut des*, geef zodat ik jou ook iets geef, biedt het aspect van de liefde de mogelijkheid deze impasse te overstijgen. Liefde en rechtvaardigheid vormen dan geen afzonderlijke gebieden, maar werken dialectisch op elkaar in en vormen in onderscheiden situaties mogelijkheden tot handelen.

C'est la tâche de la philosophie et de la théologie de discerner, sous l'équilibre réfléchi qui s'exprime dans ces formules de compromis, la secrète discordance entre la logique de surabondance et la logique d'équivalence. C'est aussi la tâche de dire que c'est seulement dans le jugement moral en situation que cet équilibre instable peut être instauré en protégé.[69]

Deze conclusie van Ricoeur helpt ons om de waarde te benoemen van het laatmiddeleeuwse fragment dat de wind ons uit de wolken doet toewaaien. Het gaat hier niet om een aberratie van de taal, een uiting van primitiviteit waar nog geen volwaardige formele rechtstaal ontwikkeld zou zijn. In het fragment lezen we een bijzondere figuratie van betuiging, het zweren van een eed in een juridische situatie waar helder bewijsmateriaal ontbreekt, en het aankomt op het betuigen van een gesteldheid. In onze rechtstraditie is het slechts een korte periode geweest dan deze combinatie van poëtische en juridische taal heeft kunnen functioneren. Daarna kwam er een ander rechtssysteem waarin de waarde van *honnêteté* op een andere manier betuigd en getoetst moest worden.

Maar wat een adembenemende schoonheid is er overgebleven in dit fragment dat toevalt aan ons die moeten leven in een tijd van Wet-Muldertransacties, dagvaardingsprocedures en eisen van reconventie. Dat is van eeuwige waarde.

Dr. T. L. Hettema studeerde theologie aan de Universiteit Leiden. Hij promoveerde in 1996 op het proefschrift Reading for Good. Narrative Theology and Ethics in the Joseph Story from the Perspective of Ricoeur's Hermeneutics, *Kampen: Kok Pharos, 1996. Theo Hettema is docent aan het Seminarium van de Bond van Vrije Evangelische Gemeenten, gevestigd bij de Protestantse Theologische Universiteit.*

Kees van der Kooi
Good Friday

Good Friday, 1613. Riding Westward

Let man's soul be a sphere, and then, in this,
The intelligence that moves, devotion is,
And as the other spheres, by being grown
Subject to foreign motions, lose their own
And being by others hurried every day,
Scarce in a year their natural form obey:
Pleasure or business, so, our souls admit
For their first mover, and are whirled by it.
Hence is't, that I am carried towards the west
This day, when my soul's form bends toward the east.
There I should see a sun, by rising set,
And by that setting endless day beget;
But that Christ on this Cross, did rise and fall,
Sin had eternally benighted all.
Yet dare I'almost be glad, I do not see
That spectacle of too much weight for me.
Who sees God's face, that is self life, must die;
What a death were it then to see God die?
It made his own lieutenant Nature shrink,

It made his footstool crack, and the sun wink.
Could I behold those hands which span the poles,
And turn all spheres at once, pierced with those holes?
Could I behold that endless height which is
Zenith to us, and to'our antipodes,
Humbled below us? Or that blood which is
The seat of all our souls, if not of his,
Made dirt of dust, or that flesh which was worn,
By God, for his apparel, ragged, and torn?
If on these things I durst not look, durst I
Upon his miserable mother cast my eye,
Who was God's partner here, and furnished thus
Half of that sacrifice, which ransomed us?
Though these things, as I ride, be from mine eye,
They are present yet unto my memory,
For that looks towards them, and thou look'st towards me,
O Saviour, as thou hang'st upon the tree;
I turn my back to thee, but to receive
Corrections, till thy mercies bid thee leave.
O think me worth thine anger, punish me,
Buren off my rusts, and my deformity,
Restore thine image, so much, by thy grace,
That thou mayst know me, and I'll turn my face.

John Donne[70]

DIT GEDICHT VAN JOHN DONNE (1572-1631) zit vol van tegengestelde en grootse bewegingen. Het zijn bewegingen waarin de lezer meegevoerd wordt of nog beter, waardoor hij omvat wordt. Allereerst is er de beweging die in de titel naar voren komt. De dichter beschrijft een tocht die hij te paard maakt op Goede Vrijdag in het jaar 1613. Hij rijdt westwaarts en daarmee heeft hij de rug naar oosten gekeerd. Maar tegelijkertijd is in deze westwaartse beweging het bewustzijn dat hij het oosten in de rug heeft en zich daarmee van het oosten weg beweegt zo sterk aanwezig, dat men zich afvragen kan of die westwaartse richting er zoveel toe doet. Uiteindelijk is wat er in het oosten gebeurt, wat zich achter de rug van ruiter afspeelt, veel belangrijker. Hij wordt niet door zijn in het westen liggende reisdoel bepaald, maar veeleer is hetgeen zich onttrokken aan het oog achter hem bevindt het feitelijk bepalende. Waardoor wij bepaald worden, wat beslissend is, is niet noodzakelijk voor ogen. Of nog sterker, in het gedicht wordt beweerd dat ons oog het bepalende en beslissende niet eens verdraagt. Het is de indirecte vorm, die hier overheerst, het aan het oog verborgene, dat het feitelijk epicentrum vormt en waar de beweging vandaan komt.

De grootse bewegingen waarmee de lezer in dit gedicht wordt geconfronteerd zijn in de tweede plaats de bewegingen van de hemellichamen. John Donne veronderstelt de bewegingen van de hemellichamen als bekend. De ziel van de mens wordt vergeleken met een hemelsfeer, die door een geheime kracht van de eerste beweger wordt voortbewogen. Zoals de ziel van de mens door genot of bezigheden en werk in beweging wordt gezet, zo komt het dat de dichter vandaag naar het westen rijdt. Er is daarginds werk te doen, maar ondertussen gaan zijn gedachten de andere kant op. Zijn ziel buigt oostwaarts en daar schouwt de ziel een beweging die andermaal een tegengestelde, grootse beweging vormt. De vergelijking van Christus met de zon is bekend. Hij is de *'sol iustitiae'* (vgl. Maleachi 4:2), maar het is deze zon die rijst doordat zij daalt en juist in haar dalen licht uitstraalt, 'and by that setting endless day beget.' Als Christus aan het kruis niet was gerezen en was ondergegaan, twee bewegingen ineen die in het evangelie van Johannes worden omschreven door dat dubbelzinnige woord verhogen (Joh. 3:14; 12:34), dan zou de zonde de eeuwige nacht hebben gevormd over het al.

Donne tekent de gebeurtenis van Goede Vrijdag als een wereldomspannend gebeuren, iets wat niet alleen de geschiedenis, maar ook de natuur met haar krachten omvat en raakt. Het heelal, de kosmos doet in dit gedicht helemaal mee. Het is niet een gedicht dat de lezer alleen bij zijn innerlijk bepaalt. De buitenwereld is niet slechts dode natuur of uiterlijkheid, maar is in alle opzichten nog gehoorzaam aan de Schepper en de krachten die Hij erin gelegd heeft. Als Christus sterft doet de natuur mee. Donne refereert aan de kosmische tekenen die volgens het evangelie van Marcus het sterven van Jezus begeleiden. Als een mens al God niet kan zien of hij zal sterven, dan geldt dit in afgeleide zin ook voor de natuur. De natuur, hier Gods plaatsvervanger of luitenant (lieu-tenant) genoemd, krimpt. De zon verduistert, de aarde, zijn 'footstool' beeft. Hoe zou men de zon die juist daar aan het kruis in het Zenit staat, kunnen aanschouwen? De tegenstellingen van heerlijkheid en kruis, van vernedering drijven elkaar op. Hij is de Heer die heimelijk toch ook de eeuwige Zoon blijft en door wie alles is en beweegt.

Zonder het te noemen duidt Donne hier op de spanning die in de luthers-calvinistische controverse als het extra-calvinisticum bekend is geworden. De gang van de Zoon in de wereld, waardoor hij vlees aanneemt, en waardoor hij in vlees lijdt en in vuil en stof ten ondergaat, neemt niet weg dat hij als de eeuwige Zoon ook bij de schepping betrokken blijft. Degene die lijdt aan het kruis is dezelfde als door wie alles bewogen wordt en leeft. Hoog komt in de laagte en gaat daar tot in het uiterste en dit alles zonder zijn hoogte te verliezen. Bij Donne worden de spanningen tussen hoog en laag niet alleen volgehouden, hij schildert een godsbeeld, waarin Christus als de Zoon hoogte en laagte verbindt en samenbrengt.

Opmerkelijk is hoezeer bij Donne ruimtelijkheid overheerst. Hij tekent de hoogte en laagte in kosmische kleuren, in geometrische beelden en het is deze ruimtelijkheid die onmiddellijk verbonden is met het heil van de mens. Bepalend is niet historische afstand, maar dat hij zich met deze gebeurtenissen in één en dezelfde ruimte bevindt. We staan met hen die vroeger leefden in één ruimte. De 'garstige breite Graben', waar Lessing zo over lamenteerde en die na hem zo bepalend werd in de moderniteit, speelt hier in het geheel geen rol. De historische gebeurtenissen in het Oosten, die hij, rijdend naar het Westen, enkel voor zijn geestesoog heeft, zijn in werkelijkheid de dingen die hem aangaan. Of concreter nog, de Redder der wereld ziet hem, westwaarts rijdende, op de rug. Pas op dit moment in dit gedicht wordt de westwaartse beweging en de toegekeerde rug een acte waarmee de dichter zich blootstelt aan de blik van de Heiland.

Hij biedt zijn rug aan ter correctie, om gegeseld te worden. Straf en geseling zijn woorden die in het hedendaags theologisch jargon zwaar beladen zijn en nauwelijks meer als positieve begrippen gehanteerd worden. In dit gedicht wordt geweten dat straf en toorn vormen zijn van toewending. Hij weet dat de werkelijkheid van zonde nauwelijks of niet in morele termen gevat kan worden. Het is een aantasting van de gehele menselijke structuur, een vervorming die aan al onze goede bedoelingen het nakijken geeft. Vandaar 'burn of my rusts, and my deformity'. Het beeld van God moet hersteld worden en dan, alleen dan, zal die mens in staat zijn niet meer naar het westen te rijden, als was het een vlucht, maar het gezicht te wenden en Christus aan te zien. Deze laatste wending is echt het allerlaatste, een beweging die zich slechts kan voltrekken nadat al die andere grote en tegengestelde bewegingen zijn beschreven. Eerst is er het afdalen in de diepte van de Zoon en daarin het rijzen, en dat is een beweging, waarvan de dichter weet, maar hij ziet het niet. Sterker, hij *kan* het niet zien. De beweging die in de gebeurtenis van het kruis wordt aangeduid, blijft voor de mens onzichtbaar, niet te aanschouwen. En niettemin is dit nietaanschouwelijke, dit verborgene, dit ineen van hoog naar laag en laag naar hoog, het geheim van de verlossing van de mens. Alleen op het einde, als gevolg en geschenk van dit gebeuren kan er sprake zijn van schouwen van aangezicht tot aangezicht. De gang naar het westen, die zich op Goede Vrijdag ontpopt als een vlucht van het oosten vandaan, wordt niet zomaar tot een omkeer naar het oosten. Het is opmerkelijk dat dit laatste, 'and I 'turn my face' is gevat als een gebed. Verlossing en herstel zijn allerminst een vanzelfsprekendheid, zeker geen automatisme, maar gave waar men zelf, rijdend naar het westen, om bidt.

Prof. dr. C. van der Kooi studeerde theologie aan de Vrije Universiteit te Amsterdam en in Tübingen. Hij promoveerde in 1984 aan de VU op het proefschrift De denkweg van de jonge Karl Barth. Een analyse van de ontwikkeling van zijn theologie in de jaren 1909-1927 in het licht van de vraag naar de geloofsverantwoording, Amsterdam: VU uitgeverij, 1984. Kees van der Kooi is hoogleraar westerse systematische theologie en directeur van het Centre of Evangelical and Reformation Theology aan de VU.

Pieter Korbee
Iets van de eeuwigheid

Bij Leo Vroman – Liefde, sterk vergroot

IN HET GEDICHT *LIEFDE, STERK VERGROOT* roept Vroman het beeld op van een reiziger op een vliegveld. Hij wacht op een vlucht (47-48).[71] Door de ruiten van een gebouw kijkt hij naar de omgeving. Het is nacht. De passagier ziet het voortrazende verkeer, de bochten in de weg. Mogelijk ziet hij dit enkel door de verlichting van de auto's. Hij vermoedt dat de weg een berg opkronkelt, maar de berg zelf ziet hij niet. Dat wat bepalend is voor de beweging van het verkeer is onzichtbaar. Dan gaat achter de reiziger een deur open; het licht van de achterliggende ruimte wordt in de glazen ruit weerspiegeld als iets geweldigs dat zich langs de heuvels verplaatst en voorbij gaat. Twee schijnsels spelen door elkaar. Ze hebben niets met elkaar te maken. Hun grond blijft verborgen. Ze roepen een bijna lijfelijk ervaren onzekerheid op:

> *Alsof er niets meer blijft om op te steunen*
> *voel ik de muren achterover leunen.* (48)

Pieter Korbee

Het staren in de verte, het niet doorzien van wat je ziet, de waarneming van heel verschillende schijnsels leveren nog andere vermoedens op:

> *Daar schemeren ...*
> *verten zalig door niets van elkaar te weten:*
> *de ene schijnt vanuit de andere even*
> *mateloos en daardoor even groot:*
> *de dood steeds feilloos fout gemeten in het leven*
> *en het leven eindeloos vergeten in de dood*
>
> *en hoeveel andere ruimten wijdere tijden*
> *omvatten allebei   of geen van beide?* (48)

Liefde, sterk vergroot is een gedicht over dood en leven, over liefde, heel veel liefde, liefde voor die ene vrouw en voor alle andere vrouwen, voor het leven en voor het werk; het is ook een gedicht van verdriet, van een onuitsprekelijk gelukkig verdriet, van aanhankelijkheid en afhankelijkheid, van de angst het liefste te verliezen, van het weten dat dit onherroepelijk gebeuren zal en van de opstandigheid daartegen, van het negeren van deze werkelijkheid. Hoewel negeren? Hoe de dood te verdragen? Geheel aan het einde eindigt het gedicht zonder punt

ତ୍ଧ

Het gedicht is in 1981 gepubliceerd, bijna dertig jaar geleden; het is opgedragen aan Tineke, Vromans vrouw:

> *Voor Tineke. En als dat mag*
> *voor haar zestigste verjaardag.* (5)

Pieter Korbee

Het heeft gemogen. Het heeft zelfs veel langer gemogen en het mag nog steeds. Mag zoiets, het beleven van hoogtijdagen, het leven in de tijd? Van wie zou zoiets *mogen*? Of van wie niet? Is het woordje *mogen* wel op zijn plaats? Schuilt hier heimelijk op de achtergrond God of de dood? Ik heb me afgevraagd of dit overtrokken vragen zijn. Vraagt Vroman niet eenvoudig toestemming het gedicht aan Tineke op te dragen? Maar nee. Het gedicht *is* aan Tineke opgedragen: *Voor Tineke* [punt]. Vroman spreekt niet tot Tineke, maar tot de lezer of eerder nog, hij spreekt voor zichzelf, hij mompelt: *als dat mag voor haar zestigste verjaardag*. Er wordt een wens, een verzuchting uitgesproken. Gaat daaronder de angst schuil, dat zij haar zestigste verjaardag niet meemaakt, dat het haar niet vergund is die dag te vieren? Of om het meer op de persoon te spelen, dat het *hem* niet vergund is dat zij deze verjaardag viert, dat hij haar moet laten gaan? Dit is de angst die door het eerste deel van het gedicht kruipt:

> ... *elke dag   elke keer*
> *als ik naar mijn werk vertrek*
> *nee als je vlak naast me bent*
> *maar ik even mijn hoofd afwend*
> *overvalt me weer*
> *die verwoestende spijt*
> *dat verwoestende verdriet*
> *dat ik jou indertijd*
> *echt achter liet* (8)

Achterlaten wordt tot de vrees achter te blijven. Hij kan niet zonder haar. Hij heeft haar eens in de oorlog achter moeten laten. Dit is genoeg geweest. Daarom geeft hij haar een

Pieter Korbee

> ... *stel argumenten* ...
> *waarom jij langer moet leven*
> *dan ik.* (9)

∾

Het gedicht is opgebouwd als een gedachtegang. Het bestaat uit een INTRODUCTIE, gevolgd door I ARGUMENTEN en II AAN DE ANDERE KANT. In het laatste stuk lijken tegenargumenten geformuleerd te worden maar in werkelijkheid worden in dit deel de vragen rondom de dood vanuit een algemener perspectief beschouwd. Vervolgens worden in: III DAAROM HET VOLGENDE zes lessen gegeven. Vroman is bioloog, hij overdenkt wat *leven* inhoudt, wat het voor hem betekent en welke plaats zijn werk daarin inneemt. Deze lessen worden door zogenaamde *Intermissies* onderbroken (20v), (28v), (35vv), (47v). Daarin gaat het zoals ook in de *voetnoot* op p. 14 om uitstapjes naast de gedachtegang, vaak om reflecties over het gedicht: 'O ik word gek van mijn gepreek' (20). Een aantal verzen op p. 7 kunnen we daartoe ook rekenen:

> *Dit gedicht schijnt lang te duren.*
> *De verwarming is uit en*
> *in de gure wind*
> *buigen de ruiten.* (7)

Bijna direct daarop uit hij zijn verlangen. De taal wordt nu onvolkomen:

> *kom thuis*
> *ik moet zo nodig*

Pieter Korbee

het bonzen
van je hart (7)

De zinnen breken af, de interpunctie valt weg zoals overigens zo vaak in het gedicht. Flarden van gedachten worden geuit. Het laatste deel van het gedicht heet: IV CONCLUSIES. *Liefde, sterk vergroot* is een lang gedicht, het beslaat negenenvijftig bladzijden.

∾

Wanneer Vroman de gedachte heeft geuit eerder te willen sterven dan zijn geliefde en hij argumenten heeft gegeven daarop ook recht te hebben, valt de angst weg. De olijkheid breekt zelfs al in het stuk van de argumenten door. Er is immers geen reden dat hij langer zou leven dan zijn echtgenote. Zijn voortbestaan komt op zijn verzen aan. (29) Daarvoor is zijn fysieke bestaan overbodig.

> ... *ik – hè? - word door anderen geuit,*
> *mijn stem zou daartussen maar storen.*
> *Hoeveel dichters zijn er die horen*
> *bij hun eigen geluid?*

> *Ik hoor toch al moeilijk bij mijn taal* (10)

Nu geeft het gelezen-worden-door-anderen wel een onzeker bestaan. Hoe graag lezen zij? Hoe lang nog? Voor deze vragen schrikt de dichter niet terug. Hij – dat wil zeggen zijn dichtbundels – kan altijd nog dienst doen als vouwpapier:

Pieter Korbee

En hoe blijf jij dan voortbestaan?
Dan komt het op mijn verzen aan.

En wie die dan niet graag kan lezen?
Daar wil ik wel een hoed voor wezen.

Wat helpt een hoedje van papier?
Een twee drie vier (29)

Eerder gebruikte hij een ander beeld. Het geschrevene kan van het papier wegwaaien. Er resten dan enkel lege vellen, een onvermijdelijk proces:

maar het nablijvend wit
komt zo zeker als dit (13)

Een dichter sterft, zijn werk treft hetzelfde lot. Tot zover de overeenkomst. Het verschil tussen de dichter enerzijds en zijn werk en taal anderzijds ervaart Vroman als veel indringender. 'Ik hoor toch al moeilijk bij mijn taal.' (10) Vroman woont in Amerika ver van het land en de taal van zijn jeugd. De vervreemding heeft echter een diepere oorzaak. Het gaat hem om het lichaam dat taal en gedicht voortbrengt. Daarop kan hij slechts toezien en naar staren.

Ik hoor toch al moeilijk bij mijn taal
mijn vingers doen dat allemaal

ik staar naar hun transportbedrijf
gelegen tussen land en lijf (10)

Pieter Korbee

Er is een distantie tussen hem en het lichaam, tussen het menselijk verstand waarmee hij zich identificeert en de taal die het lichaam, de vingers en de hand voortbrengt. Net als de reiziger op het vliegveld staart hij, nu naar

de tweespraak tussen hand en pen
waar ik het onderwerp van ben

de vriendschap tussen hand en hand
ver kijkt het menselijk verstand
op deze stille armen neer
met al hun overdekt verkeer
en denkt in dat omhulde land
waarvan het nauwelijks heeft gelezen
een troeptoerist, een mens te wezen. (10)

Er is afstand tussen het bewuste, van zich bewuste ik en de spontaniteit van het lichaam. Dit laatste is een land dat omhuld is, waar een overdekt verkeer plaats vindt waar Vroman buiten staat.

Ik hoorde er gewoon niet bij.
Ik was een toerist. (11)

Deze vervreemding is de menselijke conditie. Het menselijk verstand denkt in het omhulde land een mens te wezen; maar het kan naar dat land slechts staren. Staren is het werkwoord dat in het gedicht steeds weer terugkeert om de betrekking van het verstand tot het lichaam te schetsen.

Hoe ziet dit land dat zo spontaan gedichten schrijft eruit? Hoe werkt het lijf? Vroman heeft dit land in zijn leven onderzocht, dit onderhuidse verkeer, de tweespraak nu niet tussen hand en pen, maar tussen de atomen van het lijf, de cellen van het lichaam. Kenmerkend voor het lichaam is dat er gesprekken plaats vinden. Vroman ziet de cellen met zichzelf praten (47), hij ziet proteïnen in het bloed die als woorden zijn

> ... *een proteïne molecuul*
> *is als een lang een overdreven lang*
> *honderden letters lang*
> *cursief geschreven*
> *woord...* (48v)

Elk woord is als een gedicht (49), een gezang (55). Ons bloedplasma is doorspekt met gesprekken (55). Deze gesprekken leiden tot het gerijm van de dichter:

> *O dat ik dit rijmen maar kon laten*
> *stijgen uit deze echoput*
> *waarin mijn cellen met zichzelf praten*
> *terwijl hun heerser al is ingedut* (47)

Opnieuw distantie en ook ironie: hun heerser, een machteloze. De gesprekken leiden tot de stem die wij zo goed kennen, onze eigen stem, maar hoe maakt dit onderhuidse leven deze stem, een stem waarin *ik* dit leven niet vervang, niet vertegenwoordig, niet herken? (47) Nooit zullen we de innerlijke dialoog kunnen begrijpen.

> *Als elk woord uit honderden letters bestaat*
> *is het volgende meteen bewezen:*
> *om de tekst waar drie seconden*
> *van je levende lijf om gaat*

als een levend boek te lezen
van je miljoenen slapende
en elkaar zoenende bijtende moleculen
om die vlug te lezen kost mij maar
ongeveer tien miljoen jaar. (54)

De gevolgtrekking luidt:

Wij zijn altijd te laat
om zelfs geen seconde
van elkaar
te begrijpen. (54)

We keren terug naar het begin van het gedicht. We zagen Vromans angst alleen achter te blijven als de geliefde eerder zou sterven. In het tweede deel van het gedicht II AAN DE ANDERE KANT is deze angst geweken. Een geheel ander inzicht wordt verwoord:

Dat wij moeten vergaan
is een kostbaar wonder
omdat wij niet zonder
dat kunnen bestaan. (13)

Er heeft een omslag plaatsgevonden. Wat leidt nu tot deze omslag? Eigenlijk niets anders dan de nieuwsgierigheid naar het omhulde land, de beschouwing van het leven dat onderhuids plaats vindt, waar ik niet toe behoor, waar ik reiziger ben:

Pieter Korbee

> *ik zag de ruimtevolle*
> *atomen razend snel en*
> *onzichtbaar woorden spellen*
> *schudden en tollen*
> *woorden waar ik niets van wist.*
> *Ze spraken geloof ik over mij.*
> *Ik hoorde er gewoon niet bij.*
> *Ik was een toerist.* (11)

De beschouwing van dit leven zet een beweging in gang waardoor het ik zijn angst verliest. Kernachtig wordt de omslag verwoord in de woorden:

> *In zulk licht schijnt*
> *zoveel te beginnen*
> *aan het eind* (11v)

Over dit licht komen we nog te spreken. Nu gaat het om het inzicht dat aan het eind zoveel te beginnen schijnt. Wie oud wordt leeft aan het eind, maar het einde lijkt zich open te vouwen, een nieuwe dimensie te bieden.

∾

Hoe betreedt de reiziger dit land? Er zijn veel wegen. Ze worden in de lessen uiteengezet. Ze zijn niet alle even succesvol. Soms komt het neer op moord.

> *en moordenaars naar hun vermogen*
> *zijn anatomen of physiologen*
> *...*

Pieter Korbee

Arme physiologen
wie het kooitje opendoet
staat voor gek en weet voor goed
dat vogeltje is gevlogen (25v)

Vroman is de eerste die zoiets lelijks ongedaan wil maken (23, 25, 30, 63). Ook de verbeelding kan te hulp worden geroepen; 'het spiegelbeeld van moord is droom' (24). De verbeelding van het innerlijke land brengt het beschouwende ik in een andere gemoedstoestand. Het zien van de atomen die razend snel woorden spellen wordt tot een voelen van atomen:

Ik voel mijn atomen
soms losjes en leuk
ik denk daar soms over
als bosjes als bomen (11)

Daarna duikelen de beelden over elkaar heen, herfstbeelden:

als het hoofd van een beuk
denkt van vallend lover
te genieten
als de zon weer die naakt-
lieve huid aanraakt
en zijn takken schieten
hem weer te binnen. (11)

Kaal wordt de boom, maar aanraakbaar. Het licht is dat van de zon die de naakt-lieve huid aanraakt en daarmee zoveel te weeg brengt; ook het 'ik' staat aan deze zijde van de huid, de buitenzijde, toch voelt het en beschouwt het de binnenzijde.

Pieter Korbee

Ook het ik werpt zijn licht, dit licht van het voelen over de huid.

> *In zulk licht schijnt*
> *zo veel te beginnen*
> *aan het eind* (11v)

Deze al aangehaalde woorden vertragen het gedicht; maken het nadenkend; dan valt er een stilte. Het einde wordt opgeroepen. De witregel na de woorden 'aan het eind' vormt wellicht het meest indringende moment in het gedicht. Hier wordt de overgang getekend van het nog beschouwende ik en de beelden die door dit ik gezien worden. De beelden vallen na de witregel over elkaar heen; fragmenten zijn ze:

> *als een huis in de maan*
> *voorgoed verlaten,*
> *de dode soldaten*
> *van rozen vergaan.* (12)

Maar vervolgens keren de eerste tekenen van leven terug in de ruïne. De bouwval maakt zelf nieuw leven mogelijk, schept verbindingen die er eerder niet waren.

> *Door gebroken ruiten*
> *en geopende ramen*
> *komen binnen en buiten*
> *liefhebbend samen*
> *en het liefste bezit*
> *door mensen gemaakt*
> *ligt geopend zo naakt*
> *van geluk dat ook dit*

Pieter Korbee

nu mag aangeraakt
en zich laat beroeren
en de zomerwind aait
de grazige vloeren (12)

Het verval wordt een liefhebben van binnen en buiten, het huis dat de bewoners moest beschermen ligt daar nu naakt-open; de wind gaat erover; en langzaam worden de grazige vloeren tot gras. Het huis verdwijnt, maar niet zonder sporen na te laten:

> *waar het huis vroeger stond*
> *blijft nog alleen*
> *een soort plattegrond*
> ...
> *precies waar het was*
> ...
> *te zien in de lente*
> *aan de kleur van het gras.* (12)

Dat het leven verder gaat is niet de boodschap van deze woorden, want wat zou dit kunnen zijn, *het* leven? Het gaat om het concrete leven, mijn leven, mijn leven dat zijn stempel drukt, dat ogenschijnlijk verdwijnt, maar dat sporen nalaat waarover straks weer de zon schijnt. Gaat het dan om die sporen? Nee, het gaat niet om de sporen. – We komen daarop terug.

Wel zijn de sporen van het huis soms nog te zien, sporen van het fundament. En dan volgt het inzicht dat we al hebben aangehaald, het inzicht dat het angstige besef dat het eerste gedeelte van het gedicht beheerste, de angst alleen te moeten achterblijven te niet doet gaan:

Pieter Korbee

Dat wij moeten vergaan
is een kostbaar wonder
omdat wij niet zonder
dat kunnen bestaan.

Dat onze lijven
...
kunnen verdwijnen
is net of dit schrijven
...
wegwaait van het papier
...
maar het nablijvend wit
komt zo zeker als dit (13)

En het gedicht vervolgt hakkelend

want over en door
elk heilig moment
waarvan jij nu bent
en mijn liefde bestaat
maar waar ik de bron
nooit van heb gekend
schijnt straks weer de zon (13)

Nu en straks. Er lijkt een tijdopeenvolging bedoeld te worden, maar is dat ook zo? Straks schijnt weer de zon over en door elk heilig moment waarvan jij nu bent. Wat hiermee ook bedoeld wordt, de zon schijnt niet over een restant, over sporen die zijn nagelaten. De zon schijnt straks weer over *elk* heilig moment, ook over en door het moment waarvan jij nu bent. De zon schijnt over iets dat de liefde draagt, het heilig moment, iets waarvan *ik* de bron nooit heb gekend. De geliefde en de liefde verschijnen in het heilig moment – zo zeg ik nu maar en mijn vraag is of niet juist daardoor het moment heilig is. De bron kennen we niet, de liefde is grondeloos. Ook wanneer onze lijven verdwijnen blijft het nablijvend wit. Dit wit, lijkt me, is niet een laatste restje, maar de grond van de liefde, de bron.

Vergaan is niet slechts een eigenschap van het bestaan, het *is* het bestaan waardoor dit bestaan blijvend is, waardoor het in al zijn intensiteit ervaren wordt.

Het inzicht dat straks de zon weer schijnt ook over het nu dat verdwijnt leidt tot een keerpunt in het gedicht. De angst achter te blijven, het te moeten stellen met een vreemd, ander lijf (7), wordt tot een troostend inzicht gebracht. Dit inzicht is niet eenduidig. Eruit spreekt concentratie en ruimte ineen. Aan het begin van het volgende deel van het gedicht III DAAROM HET VOLGENDE verwoordt Vroman dit als volgt:

> *Keerpunt: als ik dit nu eens schrijf*
> *voor alle meisjes en vrouwen*
> *om te bloeien in zelfvertrouwen*
> *plus liefde voor ieder lijf,*
> *niet alleen voor het jouwe*
> *al is dat mijn eeuwig verblijf?* (13)

En elders:

> *In mijn liefde voor één vrouw*
> *vind ik die van jou voor jou*
> *meet jouw tijd met mijn stuk tijd*
> *en vind iets van de eeuwigheid*
> *in onze wolken van atomen.* (29)

Vromans liefde voor de ene vrouw wordt de toegang om andere liefde te begrijpen en te ervaren. De ene liefde is exemplarisch. Ze beperkt niet. Ze is ook de toegang om tot de bron te komen, iets te ervaren van de eeuwigheid in onze wolken van atomen. Het meest verhevene wordt met het zeer lichamelijke verbonden, 'het subliemst inwendige' (26), 'muziek zonder geluid' (27). De eeuwigheid wordt gevonden in *onze* wolken van atomen. Dit meervoud, het wordt niet met zoveel woorden gezegd, duidt daarop dat eeuwigheid geen eenzame zaak is. Het lichaam reageert op het lichaam.

De reiziger die dit land niet kende krijgt er iets meer zicht op. Iets meer. Vroman spreekt van liefde als het half-herkennen van wonderen (29). Wordt daarom direct op de voorgaande verzen een gebed geuit, de vraag om voltooiing?

God zoek in ons een onderkomen:
ik regen bijna nu ik staar
in een onthulde verte waar
de reuzenwolk wordt ontbloot
die ons herenigt in de dood. (29)

Het aanroepen van God maakt het beeld helder: de verte wordt onthuld, de reuzenwolk ontbloot. De reiziger ziet, hij staart, maar nu in een onthulde verte. De zon komt op. Hij krijgt zicht op het innerlijk. Maar het is een gebed, slechts een wens. Bovendien de dood is nabij. De ontbloting herenigt in de dood.

Wat betekent dit? Wat is deze dood? Wat wil zeggen: 'ik regen'? Worden de tranen bedoeld van de reiziger die eindelijk ziet? De ontroering nu hij de zon ziet opgaan? Een religieus verschiet? Of wordt veel meer voor de hand liggend mannelijke seksualiteit bedoeld? Een man die bijna zijn zaad verliest? Eerder in de tweede les wordt de verbinding gelegd tussen het goddelijke en het ondergaan:

> ... *wie ooit golvend in het vuur*
> *van deze goddelijkste daad*
> *deze omhelzing der natuur*
> *als God als goddelijk ondergaat* (20)

Dood komt nu in een ander perspectief te staan. Of beter, want de ene dood is de andere niet, de ene dood wordt met de andere bestreden.

In de regel 'God zoek in ons een onderkomen' wordt nog een ander gebed geuit: de religie en de lijfelijkheid te verenigen, misschien – en ik gis nu maar – omdat een scheiding tussen beide tot steriele godsdienst leidt en daardoor tot een gemankeerd menselijk leven, anderzijds tot een geestloze lichamelijkheid, evenzeer gemankeerd. Hoe ook, door de liefde voor één vrouw wordt andere liefde gevonden en ook iets van de eeuwigheid.

Dr. P. Korbee studeerde theologie in Leiden, waar hij in 2003 promoveerde op het proefschrift »Bei genauer Untersuchung«. Een onderzoek naar inhoud en opbouw van de Versuch über die Transscendentalphilosophie *van Salomon Maimon, Leiden: eigen beheer, 2003.*

Henri Krop
Een 'wijsgeerig predestinatiegeloof'

Jarig Jelles over Spinoza en een gedicht van P. C. Hooft

Wat gewracht ter werreldt wordt, is dan te weegh gebracht:
door kracht zoo groot, dat het niet nae kan blijven.

WIE MET JONATHAN ISRAEL IN SPINOZA slechts een voorloper van de seculiere wereld van nu ziet, zal de inleiding tot de *Opera Posthuma* vreemd voorkomen, want gebruik makend van vele citaten uit de Bijbel probeert de auteur aan te tonen dat tussen de spinozistische filosofie en het christendom geen wezenlijk verschil bestaat. Deze *praefatio* die men ook in de *Nagelate Schriften* vindt is anoniem, maar hoogst waarschijnlijk door Spinoza's levenslange vriend en bewonderaar Jarig Jelles geschreven. Een andere vriend, Lodewijk Meijer, heeft haar in het Latijn vertaald. Jarig Jelles was een handelaar in zuidvruchten en Spinoza heeft hem op de Amsterdamse beurs leren kennen. In de jaren vijftig trok hij zich net als de wijsgeer uit het zakenleven terug: 'ziende dat gelt en goed by een te schraapen, hem na de ziele niet konde gelukkig' maken.'[72] Na het vertrek van de filosoof uit Amsterdam rond 1660 bleef Jelles met hem over diverse natuurwetenschappelijke en theologische onderwerpen corresponderen, bijvoorbeeld over optica, proeven met waterdruk, het maken van goud en het godsbewijs van Descartes. Hun relatie was hecht en Spinoza vroeg hem als zijn vertrouwenspersoon op te treden bijvoorbeeld om de publicatie van een Nederlandse vertaling van het *Theologisch Politiek Tractaat* te verhinderen.

Hoewel Jelles geen reguliere wijsgerige scholing heeft gehad, was hij zeer geïnteresseerd in de cartesiaanse filosofie, die hij als middel zag om tot 'godzaligheid' en 'wijsheid' te komen. Hij nam daarom de drukkosten van Spinoza's commentaar op de *Principia Philosophiae* van Descartes voor zijn rekening. Samen met de twee andere doopsgezinde leden van Spinoza's kring vormde hij een *collegium* dat wil zeggen een aantal leken, die in de jaren zestig geregeld bijeenkwam om de *Ethica* in wording te bespreken. Over hun werkwijze schreef De Vries aan Spinoza: 'Een van ons leest voor, verklaart vervolgens zijn opvatting en bewijst vervolgens alles, in overeenstemming met de volgorde van uw stellingen. Als dan het geval zich voordoet dat wij het met elkaar niet eens kunnen worden, vinden wij het van belang dat te noteren en aan u te schrijven, opdat ons daarover zo mogelijk meer licht verschaft wordt en wij onder uw leiding in staat zijn tegen bijgelovige christenen de waarheid te verdedigen.'[73] De vrienden erkenden dus niet alleen in Spinoza hun leermeester, maar ook zagen zij tussen het 'bijgelovig' christendom van de orthodoxie en de 'waarheid' een onoverbrugbare tegenstelling.

De *Voorreeden* tot het postuum uitgegeven werk van Spinoza kent ongeveer veertig ongenummerde bladzijden. Zij begint met een overzicht van het leven en werk van de wijsgeer. De auteur gaat daarbij vooral in op de godsleer uit het eerste deel van de *Ethica* – 'verre het voornaamste van al zijn geschriften' – en stelt vervolgens twee tegenwerpingen tegen diens ideeën aan de orde. De eerste is de aanstootgevende gedachte 'God en de natuur samen te smelten', terwijl de tweede objectie zich richt tegen het determinisme en de idee van 'een nootschikkelijke nootzakelijkheit' van alle dingen. Deze verwijten zijn volgens Jelles ongegrond en door de wijsgeer al in twee opeenvolgende brieven aan Oldenburg expliciet weerlegd. Het *Deus sive Natura* betekent immers niet dat er tussen God en de natuur geen enkel verschil bestaat en dat alles enkel materie is: 'Het is dwaas de natuur gelijk te stellen aan de stof waaruit de lichamen bestaan.' Spinoza wijst een materialisme, dat alleen het bestaan en het werken van lichamen erkent, af, omdat God als de ene substantie de oorzaak van alle dingen is, en dus niet het zelfde kan zijn als de modi die hij veroorzaakt en waaruit de stoffelijke natuur bestaat.[74] Zijn standpunt was volgens Jelles dat van Paulus die zei dat 'alle dingen in God zijn en zich in God bewegen (Hand 17:28). Het tweede verwijt van determinisme is in de ogen van Jelles eveneens onjuist, want weliswaar zijn alle dingen voorbeschikt, doordat zij noodzakelijk uit Gods natuur voortvloeien, maar daarbij dwingt niets of niemand God: hij handelt in volle vrijheid.[75]

Voor de lezer van nu is het opvallend dat waar Spinoza's eerste critici zich buitengewoon over beide kwesties opwonden, Jelles zich daarover nauwelijks druk maakte. De 'nootschikkelijke nootzakelijkheid der dingen' (of in het Latijn van Meijer *fatalis rerum necessitas*), die Spinoza leerde, vormt voor Jelles geen schrikbeeld. Bovendien is naar zijn mening Spinoza's filosofie in dit opzicht volledig in overeenstemming met de gereformeerde orthodoxie, want deze grondslag van zijn denken wordt 'van veel Christenen niet alleenlijk gelooft, maar ook als een nootzakelijke waarheid beweert en verdedigt'. Er is immers 'gantschelijk' geen verschil tussen te zeggen dat 'alles nootzakelijk van God uitvloeit' en 'dat alles door een eeuwig besluit van God bepaalt en gevoorschikt is.' Een hedendaagse lezer zou kunnen tegenwerpen dat het verschil nogal duidelijk is: de eerste bewering is van (meta)fysische aard, terwijl de tweede bewering tot een theologisch discours behoort. Een nauwe band tussen de (meta)fysica en theologie werd in de zeventiende eeuw nog als vanzelfsprekend aangenomen: alle gereformeerde theologen waren ervan overtuigd dat aangezien God de schepper en de onderhouder van de wereld is, de natuur zonder Hem niet verklaard en begrepen kan worden. Omgekeerd is de natuur een 'boek' dat net als de Bijbel verslag doet van Gods handelen, of zo men wil, werken. Zij zochten het dogma dan ook te vertalen in fysische termen. De gereformeerde theologen die op de synode van Dordt aanwezig waren probeerden als filosofen de predestinatieleer in termen van hun wijsbegeerte te vertalen, zoals William Ames in het kader van zijn ramisme en Antonius Walaeus met behulp van aristotelische begrippen.

Als men ervan uitgaat dat de afstand tussen fysica en theologie klein is, dan lijkt inhoudelijk de predestinatieleer op de fysische overtuiging dat alle dingen causaal bepaald zijn en aangezien het mechanicisme dat meent dat alle verschijnselen in de natuur te verklaren zijn vanuit de botsing van deeltjes materie een grondgedachte van de cartesiaanse fysica vormt, is het niet vreemd dat in calvinistische gebieden deze nieuwe filosofie aan de universiteiten en daarbuiten al vroeg aanhang kreeg. Voor een dergelijke *Wahlverwandtschaft* biedt de 'Voorreeden' een argument. Het determinisme zag Jelles als wezenlijk voor de theologie, want de genade Gods, die ons 'heilig, rechtvaardig, vry en zalig' maakt, moeten wij ons voorstellen als een natuurkracht, waarvan de werking door natuurwetten wordt beheerst.[76] Deze natuurwetten zouden direct door God zijn vastgesteld of uit Zijn attribuut 'onveranderlijkheid' voortvloeien. Aangezien de natuurwetten van goddelijke oorsprong zijn en voor alle dingen gelden, keert Jelles zich tegen de mening, die 'onder de Christenen' bestaat, dat de mens de mogelijkheid heeft naar willekeur uit twee alternatieven te kiezen. Een mens zou dan de vrijheid hebben Gods genade te aanvaarden of af te wijzen. Dit was in de zeventiende eeuw de opvatting der remonstranten, maar volgens Jelles heeft de mens het niet 'in zijn macht' al of niet te geloven en al of niet het goede te willen. Aan Gods genade kan de mens geen weerstand bieden, zij is, zoals de gereformeerde dogmatiek het formuleerde *irresistibile*.

Jelles zag in Spinoza's determinisme de wijsgerige vertaling van de predestinatieleer. Het komt misschien onverwachts bij een doopsgezinde dissenter, maar de opvatting dat de mens vrij en naar believen kan kiezen tussen goed en kwaad is volgens hem onverenigbaar met 'de ware rede'. God, de 'eeuwige rede' bepaalt ook ons willen, omdat hij alles veroorzaakt. Dat de wil een vermogen is dat op het zelfde moment zowel A als niet A kan kiezen en dus zonder oorzaak werkt, is in strijd met elke logica. Ook de ervaring bewijst het gelijk van het determinisme, want stelt men iemand voor de keuze tussen een stukje glas of een diamant, dan blijkt dat bij gelijkblijvende omstandigheden het laatste onvermijdelijk begeerd en onontkoombaar gewild wordt. De wil is een neiging die even noodzakelijk in de ziel tot stand komt als het oordeel dat de som van twee plus drie gelijk aan vijf is. Toch kan men de mens, indien hij niet door 'eenig uiterlijk gewelt' gedwongen is, vrij noemen, alhoewel wij 'het geen wy willen ... noodzaaklijk willen'. Ons willen is daarom meer vrijwillig indien de oorzaken in ons sterker zijn. Deze omschrijving van de vrije wil stemt overeen met Spinoza's idee van vrijheid. In definitie zeven van *Ethica* I kan men lezen dat als iets alleen krachtens zijn eigen natuur bestaat en alleen door zichzelf tot handelen wordt aangezet, het vrij is.

Ook binnen de gereformeerde orthodoxie werd een dergelijke opvatting van vrijheid door velen verdedigd. Men zie bijvoorbeeld het invloedrijke overzichtswerk van de protestantse geloofsleer *Logikè latreia dat is Redelyke godtsdienst,* van Wilhelmus à Brakel (1635-1711). Van dit reusachtige werk met meer dan duizend bladzijden verschenen in de eerste helft van de achttiende eeuw niet minder dan zestien drukken. In hoofdstuk 15 van het eerste deel over 'de vrije wil of het menselijk onvermogen' wordt betoogd dat de menselijke vrijheid niet gelegen kan zijn in het vermogen om naar willekeur te kiezen, zoals de arminianen en 'paapsgezinden' menen. Onze wil is immers afhankelijk van God, de natuur en het verstand. Als een redelijk schepsel iets als een goed kent dan *moet* het dienovereenkomstig willen, is de klassieke formulering. Deze noodzakelijkheid betekent echter niet dat de mens onvrij is. Van vrijheid is namelijk sprake wanneer wij niet door een oorzaak van buiten gedwongen worden. Van Brakel noemt dit de 'van zelfsheid' van de wil.

Niet alleen tussen de predestinerende God van het gereformeerd christendom en de noodzakelijk werkende god van Spinoza, maar ook tussen de christelijke ethiek en 'de regel en maat van te leven' die Spinoza ons leert, ziet Jelles geen wezenlijk verschil. Weliswaar hanteert Spinoza volgens hem een reductionistisch uitgangspunt, wanneer 'goed' louter en alleen betekent wat 'nuttig' is en 'kwaad' wat ons schaadt, toch sluit dit geen religie uit. Spinoza redeneert immers zo: kennis van wat voor ons nuttig is, is voor ons een goed en slecht alles wat het verwerven van inzicht in ons nut belemmert. Deugdzaam handelen is daarom op grond van de rede handelen en 'naar 't beleid van de reden leven.' Aangezien het kennen van God voor onze geest het meeste nut heeft, is zij haar het hoogste goed. Het handelen en verlangen dat uit dit inzicht voortvloeit, is de ware godsdienst. Deze schrijft voor dat wij haat en toorn met liefde en edelmoedigheid moeten compenseren en 'elkander' dankbaar moeten zijn, zodat wij nooit door bedrog, maar 'getrouwelijk' handelen. Uit dit argument van Spinoza leidt Jelles af dat er een zeer grote 'overëenkoming' bestaat tussen de religieuze zedenleer van Christus en van de apostelen aan de ene en de filosofische ethiek van Spinoza aan de andere kant.

Jelles kan het christendom aan de spinozistische wijsbegeerte gelijk stellen, omdat hij er van overtuigd is dat de godsdienst van het Nieuwe Testament in wezen een redelijke godsdienst is. Volgens hem roept Paulus daarom de gelovigen op hun lichamen te stellen 'tot een levend, heilig en Gode welgevallig offer: dit is uw redelijke eredienst' (Romeinen 12:1). Deze uitleg althans gaven de Griekse kerkvader Origenes en Erasmus aan deze passage. Het is geen toeval dat Jelles hier naar de grote Nederlandse humanist verwijst, want Erasmus was in de zeventiende eeuw een belangrijk symbool van een liberaal christendom dat het gehoorzamen van het eigen geweten als de hoogste plicht van ieder mens beschouwt. Omdat het christendom een redelijke religie is, kan men met Meijer beweren dat de wijsbegeerte het principe moet zijn waarmee de Bijbel zich op zo'n wijze laat uitleggen dat alle geloofsverdeeldheid tot het verleden gaat behoren.

Het slot van de *Voorreeden* is bijna volledig gewijd aan het bewijs met behulp van een hele reeks van Bijbelteksten van de stelling dat het christendom een redelijke religie is en daarom identiek met Spinoza's filosofie. Er zou bijvoorbeeld geen verschil bestaan tussen de dingen die de Bijbel bij monde van de apostel Johannes over de wedergeboorte zegt 'zonder welke niemand het koninkrijk Gods kan binnengaan' en Spinoza's stellingen aan het slot van het vijfde deel van de *Ethica* over de liefde tot God, die voortspruit uit de verstandelijke kennis van God. Zowel Johannes als Spinoza hameren er immers op dat deze liefde tot God alleen kan ontbranden als wij de kwade hartstochten overwinnen en de aardse begeerte in ons doden. Slechts dan kan de nieuwe mens geboren worden en de geest heerschappij over het lichaam verkrijgen. Buiten de predestinatieleer en een altruïstische ethiek geeft Jelles in de *Voorreeden* ons weinig inhoudelijke informatie over wat hij zich bij een 'redelijk christendom' voorstelde. Meer zicht daarop krijgen we in de *Belydenisse des algemeenen en christelyken Geloofs*. Dit werkje is het tweede geschrift van Jelles waarover we beschikken. In deze *Belydenisse* wordt een 'minimaal credo' ontvouwd, dat naar men mag aannemen met het 'redelijke christendom' correspondeert. Net als Spinoza in hoofdstuk 14 van het *Theologisch politiek traktaat* stelde Jelles zich ten doel de fundamentele geloofspunten te formuleren, die *voor alle christenen te aanvaarden* zijn en die hen kunnen verenigen en niet langer verdeeld houden.[77]

Het christendom als een redelijke religie is identiek met de ware wijsbegeerte, dat wil zeggen de filosofie van Spinoza. Beide verschaffen de mens niet alleen inzicht in de diepste oorzaak van alle dingen, maar maakt de mens ook werkelijk gelukkig: brengt hem tot heil en 'heerlijkheid (*Ethica* 5, st.36 scholium). Een van de consequenties van deze overtuiging is dat het christendom en de kerk hun exclusiviteit verliezen. De mens is niet langer van kerk en de openbaring afhankelijk om tot ware godskennis te komen, maar voor elke 'verlichte' rede is het heil te verwerven, of zoals Willem Opzoomer in zijn oratie uit 1846 betoogde: de wijsbegeerte kan de mens geheel en al met zichzelf verzoenen. Het rooms-katholieke axioma: *extra ecclesiam nulla salus*, dat binnen de reformatie al veel van zijn glans verloren had, verloor voor deze protestanten van de uiterst linker vleugel volledig zijn geldigheid. Treffend noemde Kolakowski in zijn studie over de radicale reformatie Jelles en zijn medestanders dan ook 'Chrétiens sans Eglise'. Ook de antieke, heidense, filosofie kan ons tot ware religiositeit inspireren. Met instemming citeert Jelles enkele verzen uit het gedicht getiteld 'Noodlot' of 'Gelukkig hij die de oorzaken der dingen kan kennen' van P. C. Hooft, dat in alle regels de geest ademt van de Stoa en waarin elke verwijzing naar het christendom ontbreekt. Volgens zijn biograaf H. A. E. van Gelder beschouwde Hooft zich wel als gereformeerd, maar zijn geloof in de beperktheid van het menselijk kenvermogen, verhinderde hem in te stemmen met de exclusieve waarheidspretenties van de gereformeerde kerk. Dit gedicht brengt volgens Jelles Spinoza's overtuiging van het universele determinisme 'zo kragtiglijk' tot uitdrukking. Hoofts wereldbeschouwing is, zoals Busken Huet opmerkte, de antieke. 'Zijn fatalisme is van de bezielde en juichende soort, welke men bij sommige groote dichters der oudheid aantreft'.[78] Nergens komt dat meer tot uiting dan in een prachtig sonnet dat hij rond 1620 geschreven heeft onder invloed van de bestandstwisten. Het laat zien dat in de zeventiende-eeuwse Republiek de overtuiging dat een Eerste Oorzaak alles bepaalt, van wie alles volstrekt afhankelijk is en tegen wier almacht de mens niets vermag, wijd verbreid was en ook ver buiten het spinozisme op sympathie kon rekenen.

Henri Krop

Gelukkigh, die d'oorzaeken van de dingen
Verstaet; en hoe zy vast zijn onderlingen
Geschaekelt zulks, dat geene leventheên
(God uytgezeit) oyt iet van zelve deên,
Oft leên; maar al door ander'oorzaeks dringen.

Door oorzaeks kracht, men al wat schiedt ziet drijven.
Waer die te flaauw, geen' werking zouw beklijven;
En oorzaek zijn geen'oorzaek. Wat gewracht
Ter werreldt wordt, is dan te weegh gebracht,
Door kracht zoo groot, dat het niet nae kan blijven.

Elk' oorzaek heeft haer' moeder oorzaek weder.
't Gaet al zoo 't moet; en daelt van Gode neder.
Zijn goedtheid wijs en maghtig, is de bron,
Daar 't al uit vloeyt, als straelen uit de Zon.
Hy kon, en zouw, waer 't nutst, ons helpen reder.[79]

Dr. H.A. Krop studeerde theologie en filosofie aan de Universiteit van Amsterdam en de Universiteit Leiden, waar hij promoveerde op het proefschrift De status van de theologie volgens Johannes Duns Scotus. De verhouding tussen theologie en metafysica, *Amsterdam: Rodopi, 1987*. Henri Krop is universitair docent aan de Erasmus Universiteit.

Herman Noordegraaf
Werkloosheid

Over Ida Gerhardt

Werkloosheid

Drie jaar nu al. Ik kom nog in 't gesticht.
Kon ik ze thuis ontslaan van mijn bestaan!
Mijn kleine zusje ziet me nauwelijks aan.
't Is of de meid het woord niet tot mij richt.

Ieder leeft op, als ik mijn hielen licht.
Het beste kon ik bij Van Nelle gaan.
Alleen: dan is het met m'n vak gedaan.
Voor leraar krijg ik een te oud gezicht.

Vanmorgen ben ik naar de kerk geweest.
'God zal u, als op adelaarsvleugelen dragen.'
Maar ik heb zitten zweten als een beest.

Want steeds zag ik, toen de gemeente zong,
die werkloze, die het raam uitsprong
en, van vier hoog, te pletter is geslagen.

Rotterdam, 1933, 1934, 1935[80]

Herman Noordegraaf

OP 6 JULI 1933 BEHAALDE IDA GERHARDT (1905-1997) in Utrecht haar doctoraal examen Klassieke Letteren, met als hoofdvak Latijn en met bijvakken Grieks en Oude Geschiedenis. De vreugde was echter van korte duur. Het jaar 1933 was, zoals ze schreef in een brief, 'het openingsjaar voor werkeloze afgestudeerden.' Voor werkloze leraren en zeker voor classici was de kans op het krijgen van een baan vrijwel uitgesloten.[81] Gerhardt werd één van de naar schatting 350.000 werklozen die Nederland in dat jaar telde. Wat was hun perspectief? De jonge protestants-christelijke schrijver H. M. Van Randwijk gaf dat in zijn roman *Burgers in nood* goed aan met de titels van de drie delen van zijn roman: 'Willem Verdoorn gaat stempelen', 'Willem Verdoorn stempelt' en 'Willem Verdoorn stempelt nog'.[82]

Ook Ida Gerhardt solliciteerde zonder succes en kwam niet verder dan het geven van enige privaatlessen. Haar vriendin Marie van der Zeyde schreef over deze tijd:

> Een somber schemerdonker, waarin werkloosheid het beeld volledig beheerste: men zag de armoede, de ontmoediging, de troosteloosheid van jaar tot jaar toenemen. Alternatieve werkmogelijkheden waren er niet, en of wij er nog eens ooit 'in' zouden komen, leek geheel onzeker.[83]

In 1936 lukte het Gerhardt toch om op het Stedelijk Gymnasium in Groningen een tijdelijke aanstelling te krijgen voor zestien uur in de week; later werd haar aanstelling verlengd en het aantal uren uitgebreid. Tot haar grote geluk kon zij na beëindiging van haar aanstelling in 1939 een vaste baan aan het Gemeentelijk Lyceum in Kampen krijgen.

Hoe zij haar periode van werkloosheid beleefd heeft, vinden we terug in enige gedichten in haar in 1951 gepubliceerde bundel *Sonnetten van een leraar*, die in 1952 herdrukt werd, die herzien werd opgenomen in *Vroege verzen* (1978) en die we in deze laatste versie vinden in haar *Verzamelde Gedichten* 1. In het in de bundel opgenomen sonnet 'Departement' geeft zij een beeld van haar sollicitatiebezoeken aan het Departement van Onderwijs, Kunsten en Wetenschappen, waar soms honderdtwintig sollicitanten voor één vacature opkwamen:

> *Ontschoei uw handen, wanneer gij zijt aangeland*
> *in 't fluisterhuis, waar – in het zwart – stoeten genoden*
> *u vóór zijn. Uren kucht de hangklok aan de wand*
> *eer er weer één tot Hades' kameren wordt ontboden.*[84]

Haar hopeloosheid en de impasse waarin zij was geraakt, heeft Gerhardt scherp onder woorden gebracht in haar gedicht 'Werkloosheid'. De jaartallen onder het gedicht, afzonderlijk genoteerd, duiden op een zich voortslepende situatie. De twee kwatrijnen geven haar wanhoop aan. Zij voelt zich overbodig, minderwaardig, nutteloos en teveel – gevoelens en gedachten die doorwerken in hoe zij denkt dat anderen, haar gezinsleden en de meid, haar zien. Moet zij dan maar een baan gaan zoeken bij de tabaksfabriek Van Nelle en is haar studie daarmee voor niets geweest? Als het zo doorgaat, wordt zij daarvoor onderhand te oud.

In het volgende sextet beschrijft zij een existentiële ervaring opgedaan tijdens het bijwonen van een kerkdienst.[85] Een deel van haar jeugd had Gerhardt in Rotterdam gewoond. Het vrijzinnig-protestants gezin kerkte in de remonstrantse kerk. Ida heeft er nog catechisatie gevolgd bij de bekende predikant J.C.A. Fetter. In 1935 was zij, gedwongen door de omstandigheden (onvoldoende inkomen) opnieuw bij haar vader en jongste zus in Rotterdam te gaan wonen (haar moeder was inmiddels overleden). Zij bezocht toen weer de diensten in de remonstrantse kerk. In één van die diensten preekte de predikant over Gods zorg voor het volk Israël, dat Hij beschut en bewaart. Zijn tekst was een vers uit het lied van Mozes:

> *Als een arend, die zijn broedsel opwekt,*
> *over zijn jongen zweeft,*
> *zijn wieken uitspreidt, er een opneemt,*
> *en draagt op zijn vlerken.*
>
> (Deuteronomium 32:11)

Deze woorden ter troost en bemoediging werkten bij haar averechts: het zweet brak haar uit. Dat gebeurde ook onder het zingen – het is geen gewaagde veronderstelling om daarbij te denken aan het bekende 'Lof zij den Heer'. Daarin vinden we in het vierde vers de regel: 'die ook uw leven op adelaarswiek heeft gedragen.'[86] Niets geen vrije vlucht in het vertrouwen dat je gedragen wordt als je valt. Dat alles was immers in groteske tegenspraak met de zelfmoord van een wanhopige werkloze. Zij vereenzelvigt zich met het bittere lot van deze werkloze en werd daarbij ook bepaald bij haar eigen situatie zonder uitzicht. Het geloof bood geen troost, want bleek in die situatie een leugen te zijn!

Haar diepe frustraties hadden een materiële en immateriële component. Natuurlijk: het niet zelf kunnen voorzien in haar levensonderhoud, maar ook het besef niet bij te kunnen dragen aan de samenleving. Dit laatste werd versterkt omdat zij een sterk roepingsbesef had. Het leraarschap zag zij als een mogelijkheid om vanuit het levend contact met de bronteksten van de beschaving leerlingen in staat stellen de diepere spirituele levenswaarden op het spoor te komen en zich eigen te maken. Zij wilde middelaar zijn in een culturele traditie.[87] Dat motiveerde haar ook om, nadat zij in 1963 vervroegd met pensioen was gegaan, nog Hebreeuws te gaan studeren. Daarna wijdde zij met Marie van der Zeyde enige jaren aan de vertaling van de psalmen, die in 1972 uitkwam. In hun 'Korte verantwoording' betitelen ze 'een niet gering aantal psalmen' als bij uitstek actueel:

> Dit lijden, deze strijd, deze ontzetting en verontwaardiging – zij zijn blijkbaar, na meer dan vijfentwintig eeuwen, nog immer onveranderd in het mensenleven aanwezig.[88]

Ook haar dichterschap stond onder het voorteken van de roeping om middelaar te zijn. Zij plaatste zich daarbij in haar maatschappijkritisch engagement in de traditie van het religieus socialisme. In 1933 was zij lid geworden van de Arbeiders Gemeenschap der Woodbrookers ('de AG'), waarvan W. Banning de bezielende directeur was. Marie van der Zeyde was al lid van de AG en publiceerde vanaf 1935 regelmatig in het tijdschrift van de AG, *Tijd en Taak*, dat uitdrukkelijk aandacht wilde besteden aan socialisme, religie en cultuur. Later was Marie van der Zeyde werkzaam op het centrum van de AG in Bentveld. Ida Gerhardt is haar dichtersloopbaan begonnen in *Tijd en Taak*. Het eerste gedicht dat zij publiceerde, 'Kinderspel', vinden we in *Tijd en Taak* van 27 juni 1936 – al spoedig volgden meer gedichten.[89]

Terug naar ons gedicht: 'Werkloosheid' is een aanklacht tegen de vloek van de werkloosheid en eindigt in een zwart gat. Juist in de schrijnendheid van het gebeuren roept het de lezer echter op tot verontwaardiging en verzet. Dit mag en kan niet het laatste woord zijn! En is dit ook weer niet een geloofsuitspraak?

Prof. dr. H. Noordegraaf (1951) studeerde sociologie en theologie in Leiden, waar hij in 1994 promoveerde op het proefschrift Niet met de wapenen der barbaren. Het christen-socialisme van Bart de Ligt, Baarn: Ten Have, 1994. *Herman Noordegraaf is universitair docent diaconaat en bijzonder hoogleraar diaconaat aan de Protestantse Theologische Universiteit.*

Henk de Roest
'... om al uw tekens te verstaan'[90]

i thank You God

i thank You God for most this amazing
day: for the leaping greenly spirits of trees
and a blue true dream of sky; and for everything
which is natural which is infinite which is yes

(i who have died am alive again today,
and this is the sun's birthday; this is the birth
day of life and of love and wings: and of the gay
great happening illimitably earth)

how should tasting touching hearing seeing
breathing any---lifted from the no
of all nothing---human merely being
doubt unimaginable You?

(now the ears of my ears awake and
now the eyes of my eyes are opened)

        E. E. Cummings

E.E. CUMMINGS (1894-1963) IS DE DICHTER die mij de ogen opende voor de schoonheid van de poëzie. Het was tijdens een 'course in American Literature since 1920', die gegeven werd op Wilmington College, Wilmington, Ohio, in de winter van 1977. Buiten joeg de blizzard de sneeuw metershoog op. Binnen lazen wij in onze 'poets society' gedichten, gedichten, en nog eens gedichten.

Toen ik nog op Texel woonde, waren we in de hogere klassen van het VWO wel bezig geweest met de interpretatie van gedichten. Ik herinner mij daarvan echter alleen maar dat het om een 'ontledende' bezigheid ging, waarbij het gedicht in flarden uiteen werd gerafeld en woordje voor woordje werd bekeken. Zo er al sprake was van een 'stream of consciousness' in de gedichten die wij lazen, kwam ik die niet tegen. Mijn eigen bewustzijn werd er in ieder geval niet door geraakt. Ik herinner mij er weinig van.

In Wilmington, Ohio, kwam ik in een Quaker-omgeving terecht. Ik kon er grasduinen in een cultuur die mij vreemd was. Ik viel van de ene verbazing in de andere. Misschien was het ook de leeftijd. Toen werd ik geraakt door de poëzie.

In de jaren na het jaar in Amerika ben ik gedichten blijven lezen. Overigens vrijwel nooit in mijn eentje, maar altijd met twee vrienden. Nog altijd komen we gemiddeld één keer in de zes weken bij elkaar, op een van tevoren uitgezochte locatie. We maken dan eerst een stadswandeling, strijken neer op een terrasje (in de zomer) of betreden een dranklokaal (in de winter) en na enige tijd haalt één van ons een gedicht tevoorschijn, dat in de dagen daarvoor aan ons is toegestuurd. Hardop wordt het gedicht twee keer gelezen en dan gaan we gedrieën met de tekst aan de slag. Een hele kleine 'community of interpretation', waar ik eigenlijk niet meer buiten kan. Na een uurtje is het meestal wel mooi geweest. Dan begeven we ons naar een eetcafé in de buurt. Zo hebben we reeds vele steden in Nederland (en enkele in België) bezocht en talrijke gedichten gelezen. Prachtig.

∾

In de gedichten van E.E. Cummings was het aanvankelijk de typografie die mij fascineerde. In het afzien van hoofdletters, het benutten van haakjes, het onregelmatige inspringen, toont hij zich een meester in de experimentele poëzie. Het lijkt allemaal heel eenvoudig, om niet te zeggen simpel, maar ondertussen is de plaats van ieder woord met uiterste zorgvuldigheid vastgesteld.

Cummings speelt met de logische opbouw van de zin. De syntactische regels worden niet helemaal uit het oog verloren, het gedicht wordt nooit 'hermetisch', maar je wordt als lezer wel bij herhaling op het verkeerde been gezet. De typografie blijkt helemaal in dienst van de betekenis-accenten te staan.

In 'i thank You God' is de 'ik-figuur' heel klein. Zo begint hij te spreken: 'i'. De enige hoofdletters zijn gereserveerd, in eerbied, voor de Allerhoogste. Het 'ik' begint klein en nietig, maar dan, dan begint het te stromen. Het 'ik' loopt over van verrukking. De 'ik-figuur' overdrijft, maar het is een lyrisch bezingen van de totale verwondering om het wonder van het bestaan: 'for most this amazing day'. De metaforen lijken clichématig, maar misschien heb je bij zoveel extase ook alleen nog maar clichés in huis. Een zucht van dank is het, geslaakt bij het aanschouwen van de schitterende werkelijkheid. En dan, de woorden buitelen over elkaar heen, voorlopig een einde vindend in een haast extatisch uitgeroepen: 'yes'. Zonder uitroepteken staat het daar aan het einde van de regel.

Henk de Roest

Een overweldigend gevoel oproepend van de schoonheid van het leven. Het leven in een pure, oneindige, positiviteit. De zon is opgegaan boven deze kleine 'i'. Alles glanst als op de eerste dag, als in den beginne: 'this is the sun's birthday'. Maar dat niet alleen, het 'ik' krijgt vleugels, het kruipt omhoog naar de hemel en zie...: 'the gay great happening illimitably earth'. Opgewekt uit de dood is dit 'ik', onverwacht is het opnieuw geboren en getogen. Er is het besef uit het niets te zijn opgetild. Wat is de mens, God, dat Gij hem gedenkt?
Hij kijkt zijn ogen uit en hij hoort het ongehoorde.
En ik, na geraakt zijn door dit gedicht?
Ik ben het nooit meer kwijtgeraakt.

Prof. dr. H.P de Roest (1959) studeerde sociologie en theologie aan de Universiteit Leiden, waar hij in 1998 promoveerde op het proefschrift Communicative Identity. Habermas' Perspectives of Discourse As a Support for Practical Theology, *Kampen: Kok, 1998. Henk de Roest is hoogleraar praktische theologie aan de Protestantse Theologische Universiteit.*

Petruschka Schaafsma
Aanroepen

Bij Leo Vromans Psalmen I–XIV in
'Psalmen en andere gedichten'

IN EEN BONDIGE OVERPEINZING BIJ DE BIJbelse psalmen – naar aanleiding van het verschijnen van psalmbewerkingen van Lloyd Haft – schrijft Leo Vroman: 'Lloyd Haft heeft in *Ken U in mijn klacht* wat mij betreft de Bijbelpsalmen verbeterd, vooral door de afstotelijke onvriendelijkheden tegenover allerlei vijanden weg te laten.'[91] Een vergelijkbaar bezwaar brengt hem ertoe in zijn eigen Psalmen niet tot God maar tot 'Systeem' te spreken:

> *Systeem, ik noem U dus geen God*
> *geen Heer of ander Woord*
> *waarvan men gave en gebod*
> *en wraak wacht en tot wiens genot*
> *men volkeren vermoordt.* (Psalm 1) [92]

God en Heer zijn te besmet geraakt met menselijke kwaliteiten en zelfs met menselijke lichamelijke eigenschappen. Dat is een misvorming in dubbele zin, omdat de vorm zelf waarnaar God geplooid wordt, 'onze eigen aard', er een is die wij net zomin peilen als God. Geen onvriendelijkheden tegenover allerlei vijanden dus, maar wél Psalmen. Daarin roept de psalmist, of mogen we zeggen Vroman, dus 'Systeem' aan – met een 'U' dat 'Gij' betekent. En over dat aanroepen wil ik het hebben: over het aanroepen van het Systeem, en tot slot over het aanroepen van God, en een mogelijk verschil daartussen.

'Aanroepen' kennen wij tegenwoordig alleen nog maar als het 'aanroepen van hogere machten'. 'Kennen' natuurlijk niet echt, want wie roept er nou nog werkelijk aan? Maar deze betekenis is ons toch vertrouwder dan de eerste die mijn Van Dale noemt: 'zijn stem tot iemand verheffen, hetzij om hem bij zich te roepen, hetzij alleen om hem te doen horen en antwoorden: *de schildwacht riep ons aan*.' Wij worden zelf niet meer aangeroepen. Maar weten we nog wel wat het is om aan te roepen in de tweede betekenis, die Van Dale 'fig.' labelt: 'om bijstand, hulp of redding smeken, hetzij door luid roepen, hetzij in het stille gebed: *de heiligen aanroepen*, om hun voorspraak smeken bij God; *de naam des Heren aanroepen*, God als het hoogste wezen vereren of hem als getuige aanroepen'?

Een merkwaardige omschrijving, overigens. Opmerkelijk is in de eerste plaats dat aanvankelijk niets wordt gezegd over wie wordt aangeroepen, dat het nu niet meer, zoals eerst, een mens is, maar iets als een 'macht' – terwijl aanroepen toch een adres nodig lijkt te hebben. Vervolgens wordt het aanroepen wel inhoudelijk ingeperkt, namelijk het smeken om iets heel bepaalds: 'bijstand, hulp of redding'. Die inperking kun je echter lastig in verband brengen met het 'God als het hoogste wezen vereren': dat vereren is toch veel breder dan alleen aanroepen in nood?

Als we ergens willen peilen of de betekenis-erfenis van het woord 'aanroepen' nog rijker is dan wat de Van Dale probeert te verwoorden, dan zijn de psalmen natuurlijk geen gekke plek. Je zou misschien zelfs met recht kunnen vermoeden dat dat aanroepingskarakter ook voor Vroman het kenmerkende van de psalm is, dat dat het was waarom hij zijn gedichten gericht tot Systeem Psalmen heeft gedoopt. Of: dat hij ging aanroepen, toen hij een psalm wilde schrijven. Laten we op zoek gaan naar wat de dichter ertoe aanzet om aan te roepen, en tegelijk meer ontdekken over die macht, dat Systeem, dat wordt aangeroepen.

∾

Wat dringt de dichter tot aanroepen? En tot wie of wat roept hij? Tot een 'wie' inderdaad, en niet tot een 'wat'. Want ook al lijkt het woord 'Systeem' een bewuste keuze voor een onzijdig, onpersoonlijk gegeven, het wordt wel aangeroepen met Gij. De ervaring die wordt verwoord in het aanroepen toont ook al iets van de aard van de aangeroepene. Het is de dubbele ervaring van verbondenheid met het Systeem, en vervreemding, van heel nabij zijn en veraf, van kunnen aanraken en onmetelijk ver zijn. Zo nabij is het, dat het bijna met ons samenvalt:

> *Systeem! Lijf dat op niets gelijkt,*
> *Aard van ons hier en nu,*
> *ik voel mij diep door U bereikt*
> *en als daardoor mijn tijd verstrijkt*
> *ben ik nog meer van U.* (1)

Maar die nabijheid is nooit bestendig. Ze is zelf altijd al aangetast door twijfel, verwarring over wat eigenlijk wordt ervaren, en de gedachte dat het Systeem maar een hersenschim is.

> *Hoe dicht Gij zijt hoe meer nabij*
> *hoe meer verwart Uw oproep mij.* (II)

> *alsof ik U pas deze nacht*
> *in doodsnood en toch onverwacht*
> *uit hoofdpijn heb geschapen* (V)?

Misschien is er juist daarom de drang tot aanroepen. Omdat dat twijfelen nooit ontbreekt maar deel is van de ervaring zelf van nabijheid, welt in de dichter het aanroepen op. Hij zoekt antwoord, weerwoord, bevestiging of ontkenning van zijn ervaringen en gedachten.

Je toevertrouwen aan het Systeem, je laven aan de nabijheid, kan dus ook niet zomaar. Er is niet zomaar troost:

> *als ik mijn armen tot U strek*
> ...
> *en wil zo vreselijk op Uw schoot*
> *desnoods de kleine billen bloot*
> *bemoederd en bemind,'*(V)

Dat blijkt in de omkering: het Systeem wordt in de laatste psalm ook aangeroepen als iets wat zelf bemoederd moet worden:

> *Daarbij zal ik Uw hoeder zijn en*
> *Uw Vader en Uw Moeder.*
> *Dan wordt Gij zo geheel de mijne*
> *dat ik ten slotte zelfs Uw kleine*
> *billetjes bepoeder* (XIV).

Kan het Systeem zo, als de dichter zich erover ontfermt, 'geheel de zijne' worden?

Ik zwijg, ik zie u al verdwijnen.

De nabijheid is alweer vervluchtigd, juist doordat de dichter haar probeert af te dwingen.

De ervaring dat het Systeem aanwezig is en alweer weg, of alleen maar projectie, heeft ook een meer existentiële kant: de dichter kent zijn eigen bestemming niet. En dat is ook een ervaring die tot aanroepen dringt, of beter: het ervaren van de onzekerheid over de eigen plaats in de wereld lijkt zelf al een aanroepen in zich te hebben, te veronderstellen dat er iets aangeroepen kan worden.

Systeem, Systeem, waar is mijn plaats?
Planeten wachten buitengaats,
geen Mars legt aan, geen Venus daalt.
Word ik verwacht of afgehaald? (II).

Het niet kennen van de eigen bestemming is deel van een algemene twijfel aan een zin. Die wordt vooral gevoed door ervaringen van vergankelijkheid, het hoofdmotief in deze cyclus. De dichter voelt liefde voor alle dingen (dier, blad, plant en zelfs steen, psalm III). Die liefde wordt in vele van Vromans gedichten vertolkt, de gelukkige verwondering over en betrokkenheid bij alles om hem heen, en wel helemaal bij het onzichtbare 'onder de huid': het bloed, de plaatjes, de eiwitten, de moleculen. Maar degene die dit alles onderzoekt, en er liefde voor voelt, is vergankelijk en zijn liefde dus ook. Die ervaring mondt uit in de vraag: 'Waarom?'

> *Systeem ik ben maar één getal*
> *en tel U nog niet goed,*
> *maar dat ik U met mijn verval*
> *zodra dat komt verminderen zal,*
> *vertel mij hoe dat moet,*
> *O dat ik U met mijn verval*
> *klein maar voorgoed verminderen zal,*
> *waarom, waarom dat moet?* (III)

Het constateren van de vergankelijkheid is voor Vroman haar problematiseren, er niet zomaar mee kunnen leven, terwijl hij tegelijk weet dat dat moet en het misschien met name in het geval van zijn eigen vergankelijkheid ook heel goed kan. Die problematische vergankelijkheid moet iemand worden aangewreven. Je zou kunnen zeggen: ze is problematisch omdat er toch zoiets als een Systeem zou zijn.

Aan het eind van de psalmencyclus wordt de vergankelijkheid steeds meer als een onrecht beleefd: dood is alomtegenwoordig.

> *van een ster, van sterrenmos*
> *de wortelkramp van stervend bos ...*
> *een kever half kapotgetreden,*
> *een waterplant zelf doorgesneden* (XII)

maar zonder dat wij er acht op slaan. Er is zoveel 'onvoltooids en weggegooids'. Vergankelijkheid wordt als onrechtvaardig beleefd, omdat ze sterker is dan het onrecht dat mensen elkaar aandoen: dat onrecht bedekt ze met vergetelheid, maakt ze onzichtbaar:

> *Oorlog zal de grond in zinken*
> *en onder toegesproken zerken*
> *zal geen levend mens meer merken*
> *van wiens wijn de maden drinken* (XIII)

Alles wordt tot stof verteerd en wij leven gewoon verder. Nieuwe kindervoeten 'bonzen' op de zoden die groeiden over de kindslachtoffers van de oorlog, voeten

> *die alweer hetzelfde moeten*
> *doen wat al zo vaak vergaan is.*

De natuur heeft geen oog voor onrecht. Ze staat altijd gulzig klaar om nog meer wijn te drinken. Ze wordt haar eigen kringloop niet moe. Is die natuur hetzelfde als het Systeem?

> *Systeem! Is dat Uw stemgeluid?*
> *Leg ons dan nog eens aan ons uit*

Het Systeem wordt aangeroepen om uitleg. Is er een bedoeling met de dingen?

> *is door U ook de dood misschien*
> *als lafenis bedoeld?* (VIII)

De dichter vraagt het Systeem te zweren

> *dat niets ooit overbodig was*
> *en dat Uw onrecht nodig was*

ten bate van het beste. (VI)

En tegelijk – al zou het er zijn:

> *wat gaat ons Uw doel dan aan*
> *als dat ons nooit gebleken is?* (IV)

Het ter verantwoording aanroepen van het Systeem heeft als tegenhanger het aanroepen uit hoop dat het doel op een uiteindelijk moment wél zal blijken.

> *Aanvaard mij daarom als een vriend*
> *liefst onervaren, onverdiend, maar wetend hoe ik U mis*
> *wanneer uiteindelijk helderziend*
> *mijn lichaam, doof en blind gegriend,*
> *mag voelen wie U is.* (V)

> *Zult Gij ooit zijn waar ik U prijs*
> *in alle richtingen op reis*
> *dan bid ik U te doen alsof*
> *mijn stof mag paren met Uw Stof.* (II)

Zoals gezegd is er voor Vroman geen plaats voor 'afstotelijke onvriendelijkheden tegen allerlei vijanden' bij dit aanroepen vanuit ervaren en tegelijk ook betwijfelde nabijheid, bestemming, zin en doel. Maar waarom niet? Passen die 'onvriendelijkheden' niet in het spectrum van het aanroepen?

De gewelddadige psalmenpassages in de Bijbel gaan, net als veel passages bij Vroman, over onrecht. De Heer wordt aangeroepen om recht te doen, ja om definitief recht te doen, zodat het echt uit is met de goddelozen. Het onrecht van de goddelozen is een ander onrecht dan het onrecht van de vergankelijkheid. Het kan pas in het gezicht worden gezien als het interpretatiekader van de natuur, met haar alles bedekkende onrechtvaardigheid, niet alles bepalend is. Geweld lijkt mee te komen wanneer goed en kwaad echt bestaan. Dat geweld is niet ongevaarlijk natuurlijk. Maar wordt het gemakkelijke geweld niet meteen onder kritiek gesteld door het kader zelf van het 'aanroepen'? Het simpele verdoemen van de 'bad guys', niet wij maar die anderen, die hun straf niet zullen ontlopen, is niet aan de orde. Geweld is deel van het aanroepen van God: Gód moet iets doen aan Zijn vijanden, en niet de mens. Dat is een cruciaal verschil.

Vroman struikelt over het geweld in de Bijbelse psalmen. Zijn eigen Psalmen vertellen, denk ik, meer over waarom dat gebeurt. Het heeft te maken met het oppermachtig worden van de biologie waarin goed en kwaad uiteindelijk niet meer echt bestaan. Zo wijst Vroman dan inderdaad op een mogelijk verschil tussen het aanroepen van het Systeem en het aanroepen van God. Dat verschil begrijpen, betekent misschien dat Vromans 'weglaten' van het geweld in het aanroepen niet noodzakelijk de enige optie voor onze vredelievende tijd hoeft te zijn.

Dr. E.P. Schaafsma studeerde theologie aan de Universiteit Leiden, waar zij in 2006 promoveerde op het proefschrift Reconsidering Evil. Confronting Reflections with Confessions, *Leuven: Peeters, 2006. Petruschka Schaafsma is universitair docent ethiek aan de Protestantse Theologische Universiteit, vestiging Leiden.*

Alfred Scheepers
Daar achter ... een vrouw

Haar ogen lachen
een kind speelt
daar achter ... een vrouw
een bleke hand klieft de zee
eindeloos
             Asrubindu[93]

HET MAATSCHAPPELIJKE SPEL, EN DE WERkelijkheid die erdoor wordt ontkend. Filosofie begon misschien eens als een zoektocht naar wat echt is... Zeker weet ik het niet, ik hoop het, maar uiteindelijk werd ook die filosofie een spel, een elkaar overtroeven met knappe, soms zelfs spitsvondige argumenten om te winnen of te verliezen en om uiteindelijk te besluiten dat zoiets als waarheid niet kan zijn.

Natuurlijk, wie een wetenschappelijk begrip van waarheid hanteert moet wel concluderen dat geen enkele in de praktijk van de wetenschap geformuleerde stelling of enig inzicht een definitieve waarheid voor zich kan opeisen. Maar aan de andere kant impliceert ons hele bestaan, alles wat we doen en spreken, een dergelijke waarheid als – hoe zullen we het noemen? – zijn transcendentale vooronderstelling. We kunnen geen gesprek voeren zonder ervan uit te gaan dat degene met wie we spreken iets zegt dat waar is. Anders zou het voeren van een gesprek geen enkele zin hebben. Hiermee geef ik aan dat ik meen dat ons doen en laten op een of andere manier een zin moet hebben en dat dit misschien met dit zoeken naar wat echt is in verband staat.

Deze, eens algemene, opvatting is sinds de twintigste eeuw niet meer vanzelfsprekend. In navolging van Nietzsche werden vermeende waarheden ontmaskerd. We zien altijd perspectivisch, verkleurd door afgunst of verlangen, maar nooit zoals het is. We scheppen onze waarheden zelf. Maar als niets waar is, hoe kon Nietzsche de christen dan een 'volkommene Mucker' noemen? Zonder waarheid, dunkt me, kan men ook niet huichelen. Er zijn dan alleen graden van creativiteit. En zonder iets werkelijks dat men voor ogen heeft bestaat daarop ook geen perspectief. Dat we oordelen dat de dingen niet zijn wat ze voorspiegelen te zijn, vooronderstelt dat we ons in staat achten waar van onwaar te onderscheiden.

Misschien zit het probleem hierin, dat we waarheid zijn gaan zoeken in een of andere theorie, terwijl waarheid wellicht niet theoretisch is. Sprak diezelfde Nietzsche niet over 'worden wie we zijn?' Wat bedoelde hij daarmee eigenlijk? Begreep hij soms dat de christelijke wereld die hij tegenkwam zo volkomen verknipt was dat de enige weg tot de waarheid die nog open lag, was haar te ontkennen? Haar op te geven om haar te vinden? We hebben geleerd dat Nietzsche de *Alzermalmer* was, die alle waarden op zijn kop zette. Maar nemen we twee waarden: 'macht' en '(versten)liefde'. Dan is 'macht' voor Nietzsche 'zelfbeheersing' – een spel volgens regels kunnen spelen, lijkt me – en zijn verwerping

Alfred Scheepers

van de naastenliefde ten gunste van de verstenliefde is ook minder revolutionair dan het lijkt. Het lijkt eerder een afwijzing van het nepotisme dan een afwijzing van Jezus' opvatting van liefde. Gaf die niet, toen hem gevraagd werd wat onder naastenliefde te verstaan, een gelijkenis waaruit bleek dat het hem ging om wat Nietzsche verstenliefde noemt? Nietzsche wees wat hij zag als 'kwade trouw' af. Kwade trouw is m.i. 'geloven' in een religie of object van religie terwijl zo'n religie nergens een 'geloof' verkondigt. Het geloven waarover Jezus het heeft in het NT is *pisteuomai* (ik vertrouw), wat zeer weinig te maken heeft met *dokeo* (ik geloof, meen, dat iets zich zus of zo verhoudt). De mediale vorm geeft al aan dat we hier op een of andere manier met een verhouding ten opzichte van onszelf te maken hebben, niet tot een objectieve stand van zaken. Amerikaanse fundamentalisten, die de evolutie ontkennen met een verwijzing naar het scheppingsverhaal, menen dat dit verhaal 'letterlijk' moet worden genomen. Zij geloven in de zin van *dokeo*, niet het Nieuw-Testamentische '*pisteuiomai*'. Vraag je: hoezo? 'letterlijk'? Staat er niet letterlijk dat de zon en de maan op de vierde dag geschapen zijn? Wil je ontkennen dat dag en nacht iets te maken hebben met de draaiing van de aarde ten opzichte van de zon? Hoe definieer je een dag zonder zon? Religie die is vervallen tot waanzin gaat vaak ook gepaard aan moordzucht jegens ieder die die waanzin aan zou kunnen tonen. 'Berisp niet de dwaas want hij zal u haten, maar de wijze en hij zal u liefhebben.'

Wat is waarheid als wetenschap noch geloof er aanspraak op kunnen maken?

Een aantal jaren terug kwam een dertigjarige relatie tot een einde. Het verbijsterde me. Ik was tot niets meer in staat. Ik wilde niets meer. Misschien wilde ik dood, of misschien maakte ik mezelf dat wijs. Ik raakte in een verwarde, misschien infantiele toestand. Daarin dacht ik op zeker moment aan het verhaal van 'Klein konijn en de vos', dat ik aan mijn dochter, had voorgelezen toen ze klein was. In uiterste nood, op het punt dat het door het ondier dreigt te worden opgegeten, daagt bij Klein Konijn het inzicht: ik laat me niet opvreten door zo'n stomme vos. Ik heb recht te leven.

∞

Naar voorbeeld van Klein Konijn probeerde ik het contact met het leven te herstellen. Daarbij is de vraag wie je eigenlijk bent, of wat je eigenlijk wilt belangrijk.

Die vraag is minder moeilijk dan het lijkt. Let op de verlangens en verbeeldingen die je leven altijd al richting gaven. Het is niet buitengewoon origineel (maar moet dat?): ik wilde een vrouw, en verder een land zonder kleumkou. Het gaat om beelden die aan een kant onbepaald zijn en aan de andere kant juist heel bepaald. Maar om de precieze invulling van mijn verbeelding gaat het hier niet. Misschien waren mijn motieven wel dubieus of in ieder geval escapistisch.

Toen gebeurde er iets. Ik was gaan internetdaten en daar aan de andere kant van de digitale verbinding, in Jakarta, was een overstroming. Op tv zag je beelden van mensen die letterlijk moesten roeien met de riemen die ze hadden. Opeens was er een verandering van perspectief. Hoe stond het er mee daar aan de andere kant van de lijn? Sommigen hadden geluk, anderen pech zoals Annie met haar ondergelopen computer vlak voor haar examen. Het overmaken van geld voor een computer veranderde dingen, op een of andere manier. Opeens was er 'echte werkelijkheid', miraculeus terug van weggeweest. Wie of wat zegt je dat je de stap moet maken tegen de normale logica van de dingen in? Annie is namelijk ongeloofwaardig in de ogen van een 'weldenkend' mens. Wie is Annie, wat wil Annie; wat is waar? Kan ik haar vertrouwen?

Die vraag wordt dringender als Annie een chronische ziekte blijkt te hebben in een land zonder sociale zekerheid. De behandeling kost geld. Tevens beperkt haar ziekte Annie bij het vinden van werk. In een land waar het hele leven vrijblijvend is (Nederland), waar spreekwoordelijk voor je wordt gezorgd van de wieg tot het graf en waar je dus met een gerust hart doof kunt zijn voor ieder appèl, omdat wie in moeilijkheden zit 'het aan zichzelf te wijten heeft', wordt opeens gevraagd om commitment. De verantwoording van je keuze hangt af van de vraag: is het waar? Maar een glashard criterium om je oordeel op te baseren is er niet.

Dit ethische dilemma lijkt enigszins op het geloofsdilemma zoals geschetst door Pascal. Dat gaat ongeveer zo: kies altijd voor het geloof. Is het geloof bedrog, dan verlies je niets bij die keuze, nee het levert je zelfs een zekere winst omdat het je leven (al is het een valse) hoop geeft. Die hoop geeft je leven toch maar kleur. Aan de andere kant, verwerp je het geloof (in de God van Abraham, Isaak en Jakob) dan levert het eventuele juiste inzicht dat er geen God is, je geen enkele winst op, nee zelfs licht verlies. Daarentegen heb je alles te verliezen indien je ongelijk hebt. Dus is volgens Pascal de keus niet moeilijk.

Vertaald naar Annie: als Annie jokt, dan help ik iemand die het niet verdient en misschien zelfs niet nodig heeft. Maar ook al is dat zo, dan heb ik toch een overwinning op mezelf behaald en heb me inderdaad blij kunnen voelen iemand te helpen. Geld heb ik nooit gehad, dus arm kan ik er niet van worden, dat ben ik al. Als Annie de waarheid spreekt en ik laat haar stikken en de zaak loopt zo uit de hand dat ze komt te overlijden, dan zal ik het lijk van Annie voor de rest van mijn leven op de rug dragen. Dan heb ik het niet over de kans die ik weggooi om met Annie gelukkig te worden. Eigenlijk, is de keuze tussen 'licht' en 'donker' klaar, alleen de mate van licht of de mate van 'donker' is onzeker. Altijd was ik opgelucht als ik geld gestuurd had.

Financieel werd het overigens niet eenvoudiger. Het was niet makkelijk aan geld te komen om Annie in leven te houden, temeer daar operaties vaak niet kunnen wachten tot je ervoor gespaard hebt.

Dus moest ik soms een beroep op anderen doen. Dank zeg ik aan allen die mij zonder te oordelen geleend hebben. Maar dat was niet de gebruikelijke reactie. De meest gehoorde raad was wat ik de Hollandse standaardmoraal wil noemen: *Je moet eerst aan jezelf denken!* Ongetwijfeld een welgemeende raad. We denken niet alleen allemaal in de eerste plaats aan onszelf, we móeten het doen. Het is een ethische norm. 'Ieder voor zich en God voor ons allen', hoorde je vroeger ook veel, nog voor de ontkerkelijking had toegeslagen.

Een iets mildere vorm van de Hollandse imperatief luidt: je kunt alleen voor een ander zorgen als je eerst voor jezelf kunt zorgen. Als men gelovig is, dan verwijst men daarbij ook wel naar Jezus' uitspraak: 'Gij zult uw naaste liefhebben gelijk uzelf', met nadruk op 'gelijk uzelf', waaruit blijkt dat de eigenliefde vanzelfsprekend is, maar de naasten- of verstenliefde een stuk minder. Men vindt deze houding overigens bij spirituelen van allerlei kunne, ook bij hen die menen dat er 'geen zelf' is. Deze menen dikwijls 'dat ik teveel met me*zelf* bezig ben en dat ik *het* (Annie) gewoon moet 'loslaten'.

Het vreselijk enge van de situatie is natuurlijk dat ik zomaar voor iemand zou kunnen verschijnen en een beroep op hem zou kunnen doen ter wille van een vrouw die hij helemaal niet kent, en waardoor ik me laat bedotten – als ik hem al niet zelf probeer te bedotten.

Liever vraag ik overigens om werk en een billijke honorering daarvan. Dat lost de problemen ook op. Als rechtspositie in Nederland niet inkomensafhankelijk was, dan zou Annie ook naar Nederland kunnen komen. Maar gelijke rechten voor ieder mens, ook al liggen die verwoord in internationale verdragen, zijn een dode letter, vooral als het gaat om sociaal-economische rechten.

Een andere medewerker aan deze bundel schrijft over Ida Gerhardt en werkloosheid. Het viel me op dat dit in haar tijd nog wanhoop en verontwaardiging opriep. Vandaag de dag is levenslange werkeloosheid (of op zijn minst het leven zonder vaste baan) voor een academicus normaal. Men vraagt zich niet eens af wat daarmee mis is. Men is gelukkig als men een baan heeft. Wie dat niet heeft, en daartoe behoren niet alleen classici maar ook fysici, heeft pech.

Nog een ander heeft het over Vestdijk. Een paar jaar terug stond ik naast Mieke (weduwe van) Vestdijk op de boekenbeurs van Paradiso. Zij bindt het oeuvre van haar man met de hand in en raakt het vervolgens niet kwijt. Maar zo zei ze: 'Het houdt me van de straat'. Omdat ik mijn eigen boeken bij gebrek aan vermogen ook eigenhandig inbind raakten we in gesprek over bindtechnieken. Ik kan me de tijd herinneren dat het blad van de ECI volstond met Vestdijks romans: mag je je dan afvragen of het bij al die werklozen wel ligt aan hun gebrek aan *kwaliteit*? Of belemmert misschien hun heimwee naar iets dat echt is hun behendigheid in het sociale spel? Wat scheidt echt en onecht? Op het moment van de overstroming in Jakarta brak de werkelijkheid door de illusie van het spel heen en veranderde iets. Er was een soort besef dat het in de situatie niet *recht* zou zijn geen geen hulp te bieden en van het een kwam het ander. Christenen en ook moslims hebben het dikwijls over 'geloof'. Velen denken dat daarvan het heil afhankelijk is. Als ik het goed begrijp is dat in het jodendom anders. Daar gaat het om de vraag of iemand *recht* doet of niet. Daarin toont hij de gezindheid van zijn hart. De vraag naar wat je gelooft is dan eigenlijk overbodig geworden. Wie vraagt zich af of zijn geliefde bestaat? Liefde toont zich door gerechtigheid: dat is rechtdoen aan de machteloze die zijn recht niet kan laten gelden. Het joodse woord is *tsedaka*. Het is het soort recht dat je doet aan 'weduwe en wees'. Het wordt daarom ook wel 'liefdadigheid' genoemd. Alleen is het geen *gunst*, maar een heilige plicht. Recht doen is de enige geloofsbelijdenis.

Volgens de Talmoedische traditie (ik citeer uit het hoofd een nog niet uitgegeven werk van Rabbijn Evers) keerde Gods toorn zich tegen Sodom, niet vanwege haar alom vermaarde sodomie, maar vanwege haar *ongerechtigheid*. In Sodom bestond een verbod op liefdadigheid (*tsedaka*). Een meisje had bewogen door mededogen een arme stakker een stuk brood gegeven en werd daarvoor gestraft door haar naakt met honing ingesmeerd op een dak vast te binden als prooi voor bijen die haar doodstaken. Dat was voor God de spreekwoordelijke druppel.

Onbarmhartigheid verheven tot wet. Het lijkt zeer sterk op de Hollandse Imperatief.

Alfred Scheepers

∾

Gerechtigheid leidt tot werkelijkheid, tot waarheid, ofwel, leidt tot God. Dan gaat het niet om een *overeenkomst tussen het begrip en de zaak,* maar om een veranderde staat van zijn. Misschien kun je het een omkeer of een bekering noemen, maar dat niet in de zin van het aanvaarden van een geloofstelling, maar als een veranderde relatie tot de medemens. Die kenmerkt zich door de betrouwbaarheid die je biedt en het vertrouwen dat je stelt.

Waarin berust het vertrouwen? Alles wat Annie zegt of doet is onwaarschijnlijk. Waarom geloof ik Annie en blijf ik dat doen (ondanks de twijfel en vertwijfeling die gezaaid wordt), terwijl om Annie de wereld zich tegen mij keert? Ik hoor iets in haar stem. Ik zie iets in haar onhandigheid, maar meer nog, ik heb haar nooit kwaad horen spreken, zelfs niet over de mensen die haar belasteren. De gangbare wijsheid die ik in de afgelopen jaren ben tegengekomen bestaat in een stroom van verdachtmakingen (het meest kenmerkende van de 'kwade neiging', *jetseer hara,* in het jodendom) richting Annie. Wat zegt daarentegen Annie als ik mij beklaag over mijn moeder? 'Ze probeert je alleen te beschermen'. Vermanende vingers worden naar mij opgeheven. Behalve aan Annie schrijft men ook aan mij motieven toe die ik in mijzelf niet ken. Zij weten beter, zij hebben de waarheid in pacht. Maar hoe grenzeloos banaal is die waarheid.

Nogmaals: wat is waarheid? Hoe schandelijk handelde Cervantes toen hij zijn Don Quichote de spiegel voorhield? Volgens Nietzsche zeer schandelijk. Om een redenering analoog aan een van William James te volgen: had Don Quichote niet het recht te geloven? En had dat verheven geloof misschien niet de kracht dat werkelijk te doen worden waarin het geloofde en waarop het hoopte? Ook al was het daar niet vanaf het begin? Maakte Don Quichotes respect *(agapè)* niet de Dulcinea daadwerkelijk in Aldonza wakker? Of vanuit het ongerijmde: heeft het goede een eerlijke kans als men op voorhand de hoop erop en het vertrouwen erin belachelijk maakt?

Een redenering die ik veel hoor gaat als volgt: 'Je hoort dat ... dus ...' [Sommige mannen worden bedonderd, jij bent een man. Jij wordt bedonderd.] Dankzij Aristoteles zal ik voor een gehoor van filosofen de logische onhoudbaarheid van deze redenering niet hoeven te verdedigen. Maar waar de macht van de mening heerst, doet de logica niet ter zake. Filosofen leven in de waan dat logica onweerlegbaar is, omdat zij regels bevat waarin zij heilig geloven, maar wie de macht heeft, schuift ze opzij. Getuigen worden niet gehoord, bewijs à decharge wordt niet ingezien. Waar is die hoogste rechter die naar waarheid en billijkheid oordeelt?

Annie is ziek, dus zwak. Zwak als ze is, kan ze zich niet in een betrekking handhaven. Omdat ze dat niet kan, heeft ze geen geld. Omdat ze ziek is, heeft ze hoge kosten. Omdat ze die niet kan betalen kan ze niet beter worden en moet ze eindigen in een negatieve spiraal, mogelijk in de dood, terwijl op zich genomen haar ziekte goed behandelbaar is. Hoewel geen sluitend syllogisme, is de redenering redelijk correct. Ervan uitgaande dat Annie ziek is, en om dat te weten hoef je alleen een foto van haar te zien, volgt de rest met een stevige logica. Het is niet vreemd of zelfs onwaarschijnlijk. Als in zo'n situatie niemand hulp biedt, gaat het mis.

Ziende hoe de mens denkt, is dan de redenering: 'Als ik niet help, wie zal het dan doen?' zo incorrect? Als je eenmaal helpt en iemand is afhankelijk van je, ook voor haar loutere leven, kun je die hulp dan staken omdat anderen dat van je vragen? En je ogen sluiten voor de mogelijke gevolgen? Misschien niet. Maar als degene die hulp biedt nu arm is en de kosten zijn vermogen te boven gaan, mag die iemand dan om het leven van een ander te redden een beroep doen op anderen? Nee, is het universele antwoord. Hulp oké, maar niet van andermans geld. Als je jezelf niet kunt helpen, kun je ook een ander niet helpen. *Je moet eerst aan jezelf denken*. Als ik zeg dat Multatuli er beroemd mee geworden is en dat Jezus het anders leerde, oogst dat hoongelach.

Ik hoor haar stem, ik hoor haar overwegingen. Ik hoor de klank van haar hart. Ik hoor haar paniek Ik voel haar gevoel van een grenzeloze onveiligheid, een overgeleverd zijn aan de heidenen over wier eerbied voor jouw leven je je geen enkele illusie hoeft te maken. Zij hebben hun huis, hun auto, misschien zelfs hun baan om zich zorgen over te maken. Die eindeloze, liefdeloze, onpersoonlijke zee…

Als kind hebben we soms nog dat gevoel van vertrouwen omdat we nog nooit door iemand verraden zijn, maar hoe vaker we verraden worden, hoe eenzamer we worden in het besef dat we ons op niemand kunnen verlaten. De moraal van de omgeving eist dat je verraad pleegt op straffe van uitsluiting. Wie bereid is tot verraad mag erbij horen.

Op Wikipedia lees ik dat Annie's voorouders een mythologisch onderscheid maakten tussen twee beginselen, *mūla jāti en nāga padoha*. Omdat het Sanskriet is, kan ik het lezen. Ik lees dan '*nāga pradroha*' – de 'r' wordt ook niet uitgesproken in Annie's familienaam, dus dat schijnt een eigenaardigheid van de taal te zijn. We moeten het dan vertalen als de 'worteloorsprong' en 'de verraderlijke slang'. Waarheid staat niet voor wat zich zus of zo verhoudt, maar is het tegendeel van verraad, dus de 'trouw', dat waarin alle dingen hun wortel hebben. Wie trouw is kun je vertrouwen, verraders niet. Verraders praten vriendelijk met je maar laten je stikken op het moment dat het ze uitkomt. Dat maakt de wereld onveilig, angstig, onbetrouwbaar. Wie eerst aan zichzelf denkt, zal altijd een ander moeten verraden, zal altijd in competitie leven, zal winnen door verraad of verliezen door te worden verraden.

'Je kunt niet iedereen op deze wereld helpen. Wat als iedereen nu deed als jij?'

∾

Langs de corridor klinkt de slepende stap van de bode, mank geraakt, het holle klikken van de stok. Zijn stem is oud geworden, als gebarsten, wanneer hij zijn stok heft en zacht zegt: 'Gij zijt die man'.

Dr. A.R. Scheepers studeerde filosofie aan de Vrije Universiteit in Amsterdam. In 1988 promoveerde hij in Leiden op het proefschrift Adhyāsa; Een vergelijking tussen de Advaita-Vedānta van Śaṁkara en de fenomenologie van Edmund Husserl, *Delft: Eburon, 1988. Alfred Scheepers is uitgever en vertaler.*

Hent de Vries
Whitman's Miracles

Miracles

Why, who makes much of a miracle?
As to me I know of nothing else but miracles,
Whether I walk the streets of Manhattan,
Or dart my sight over the roofs of houses toward the sky,
Or wade with naked feet along the beach just in the edge of the water,
Or stand under trees in the woods,
Or talk by day with anyone I love, or sleep in the bed at night with anyone I love,
Or sit at the table at dinner with the rest,
Or look at strangers opposite me riding in the car,
Or watch honey-bees busy around the hive of a summer forenoon,
Or animals feeding in the fields,
Or birds, or the wonderfulness of insects in the air,
Or the wonderfulness of the sundown, or of stars shining so quiet and bright,
Or the exquisite delicate thin curve of the new moon in spring;
These with the rest, one and all, are to me miracles,
The whole referring, yet each distinct and in its place.
To me every hour of the light and dark is a miracle,

Hent de Vries

Every cubic inch of space is a miracle,
Every square yard of the surface of the earth is spread with the same,
Every foot of the interior swarms with the same.

To me the sea is a continual miracle,
The fishes that swim—the rocks—the motion of the waves—
the ships with the men in them,
What stranger miracles are there?'

Walt Whitman[94]

WHITMAN'S POEM CELEBRATES THE everydayness of the miracle as the *epitomized* form, that is to say, the summary figure of modern life in its at once ordinary and extraordinary aspects. In so doing, the poem captures the intuition and hypothesis behind a recent inquiry that I am about to complete: namely, that what are historically and conceptually the most singular and remarkable—if, in the eyes of many, by now, practically obsolete—occurrences and perceptions of miracles and miracle belief (call them events and special effects), may be taken as somehow *illustrative, exemplary, indicative,* and *regulative* for some, even most or all, of the profane and banal, yet deeply significant, among our daily experiences, both private and public, moral and political. In fact, Whitman surmises, there is nothing 'stranger' than these down-to-earth experiences, each of which can reveal itself as an existential phenomenon of prime importance or manifest nothing short of a historical change—indeed, revolution—of minds and hearts to begin with.

It is true that literary references to miracles, not just in poetry but also in fictional narrative, ancient theater and modern drama, are too numerous to count. Emily Dickinson's *Like Some Old Fashioned Miracle*, Rudyard Kipling's *The Miracles*, Elizabeth Bishop's *A Miracle for Breakfast*, Henrik Ibsen's *A Doll's House*, even *Waiting for the Miracle* by the songwriter and singer Leonard Cohen are examples worthy of attention. But Whitman's poem stands out in more than one way. In any case, in my view, it comes closest to what an at once post-secular—or, to use Han Adriaanse's expression, 'post-theistic'—interpretation of the miracle might have to look for, if it is to demonstrate its contemporary relevance in philosophical no less than theological, and, indeed, political no less than poetic matters.

As 'America's most representative poet,' who had claimed, in the 1855 preface to *Leaves of Grass*, that America had 'passed into the new life of the new forms,' Whitman expresses what we might call the metaphysical—and, in the American sense of the term, 'transcendental'—depth of the common places (at times, commonplaces, that is to say, platitudes) that inspire the 'democratic vistas' of modern times, based as they are on the common people's virtues, which as 'pure waters running a thousand fathoms deep'[95] form the very resource or repository to heal its divided nation. Whitman is not only the American 'poet of modern life' (to use Walter Benjamin's characterization of Charles Baudelaire), he is bard of its Civil War and Reconstruction, the literary contemporary and counterpart of Abraham Lincoln, if you like.

Whitman's age was one in which new religious sensibilities surged and entered a pact with the progressive scientific optimism of the day. The historical conditions were favorable to this trend: an uncertain 'market economy' and 'the rise of mass print culture' enabled the spread of 'revivalism' and 'new religions,' whose diverse illuminations Whitman immediately registered and put to his own literary use.[96] What resulted was 'a poetic religion based on progressive science and idealist philosophy that preached the *miracle* of the commonplace and the possibilities of the soul.'[97] Examples of this—even where 'miracles' go, literally, unmentioned—abound throughout Whitman's poetry as well as prose, the introductions to *Leaves of Grass*, being a case in point. In this sense, the poem that interests us here merely condenses and, as we said, epitomizes a broader theme and overall outlook, indeed, a poetico-religious 'optics,' of sorts.

But Whitman's poetic conception of miracles—and a fortiori the poem that carries the very title 'Miracles'—also resonates with the 'great debate on miracles' that had become the 'chief battleground of theological dispute for Protestants in the eighteenth and nineteenth centuries' and that found its way to America—more precisely, New England—in the 1830's and 1840's.[98] One commentator, John Gatta, in his informative *Making Something of Whitman's 'Miracles'*, reminds us of the enormous stakes involved:

> By the eighteenth century, deistic rationalism and the claims of natural religion were threatening to drain altogether that diminished sea of faith still held within the unique authority of Christian revelation. Bishop Butler and other Anglican apologists did their best to contain the waters. But despite the potent attack leveled by Hume in section X of his *Enquiry concerning*

Human Understanding (1748), many churchmen came to regard the argument from miracle and prophecy as their last line of defense against the total absorption of revealed religion into natural law.

After Hume, though, any attempt to establish the special authority of Jewish-Christian revelation on the grounds of an external 'proof' supplied by miracles was doomed to fail. Short of blessing circular reasoning, one could scarcely expect an unbeliever to admit the reliability and privileged authority of scripture on the basis of miraculous feats reported of Jesus only within the pages of the same scripture.[99]

And when in New England the controversy about miracles between Unitarians and Transcendentalists was ignited, pitting Ralph Waldo Emerson and lesser figures and against the establishment of the church and their representatives in the academic study of Divinity, those who sought to keep the Christian waters deep and flowing stood no chance:

> The conservative Unitarians, sworn infidels themselves from the standpoint of historic orthodoxy, never came close to holding their own against 'the latest form of infidelity.' Their battle was lost before it began because the structure of evidential logic supporting their position on miracles was unsupportable, as riddled with contradiction as their general stance toward the Transcendentalist newness.[100]

Emerson's view stood out and Whitman had been closely reading him since 1854 'at the latest.' He must have been familiar with several among the essays in which Emerson discussed miracles directly, notably, the *Divinity School Address*, *Nature*, and *Self-Reliance*. Gatta recalls their most salient points. In the *Divinity School Address,* Emerson disparaged the isolated wonders worked by Jesus but instead praised the latter's understanding of the miraculous as a phenomenon, event of effect, that is *generically human* or, perhaps we should rather say, *humanly generic.* If Jesus 'spoke of miracles,' Emerson wrote, it was only because

> he felt that man's life was a miracle, and all that man doth, and he knew that this daily miracle shines, as the man is diviner. But the very word Miracle, as pronounced by the Christian churches, gives a false impression; it is Monster.[101]

By the same token, Emerson's *Nature* noted that the 'invariable mark of wisdom is to see the miraculous in the common,' whereas *Self-Reliance* spoke of 'the universal miracle' as a phenomenon in which all 'petty and particular miracles disappear'; in *The Transcendentalist,* finally, he opposed the belief in the 'miracle' to materialism's unworthy reduction of everything to 'brute facts' and 'sense data.'[102]

The formal schema of Whitman's poetic image—or is it argument?—of the miracle seems thus fully in place in Emerson's well-known essays and lectures, just as it echoes the writings of others in the Transcendentalist 'movement,' whose books, orations, and pamphlets had started flooding the intellectual and spiritual landscape from 1836, its *'annus mirabilis,'* onward.[103]

༅

In addition to the direct exposure to New England Unitarianism and American Transcendentalism, we find a host of intellectual and literary influences in Whitman's emphasis on 'the miraculous nature of apparently insignificant things.'[104] Among these, the suggested influence by Voltaire's *Dictionaire Philosophique*, whose lemma on 'Miracles' seems a more remote but nonetheless interesting example of the projective-pragmatic view on the phenomenon that Whitman will come to espouse.[105]

More significantly, Romanticism and German Idealism, and the writings of Johan Caspar Lavater, among others, helped Whitman boldly proclaim and poetically express 'the miraculous nature of the everyday world.'[106] Such a view has been called 'inverted mysticism,'[107] by some and is described by others in more sober secular terms. But the two perspectives—the emphasis on the miracle or on mysticism, on the one hand, and of the everyday, on the other—do not exclude each other. Far from it, Whitman's central message seems to be.

When Whitman himself came to see *Leaves of Grass* as 'the new Bible' and pretended nothing less than to 'inaugurate a religion,' it was further clear that his nondenominational blending, 'interpenetration,' and 'cross-fertilization' of the imagery of body and soul, matter and spirit—expressing a 'physical spirituality' or a 'spiritual physicality'—partook in broader tendencies and movements that defined cultural life in America in the mid-nineteenth century. Many of these have left their traces in much of twentieth- and twenty-first century thought, in its quotidian sensibilities as well as in its newly invented or freshly adjusted idioms and imageries, rhythms and narratives, that came to populate and popularize philosophy and political oratory, literary prose and poetry, Hollywood melodrama and pop culture, alike.[108] What does this 'physicality' look like in the context of 'Miracles' and the writings that form its immediate and more distant background or echo?

In Whitman singular voice, the found, rediscovered—in other words, created, in any case, chosen—images of the everyday 'flow rapidly from the minutiae of plant or animal life through parts of the human body to sweeping vistas of different times and places, often with affirmations of God's harmonious universe.'[109] Of this the latter Whitman found confirmation in several scientific sources he was familiar with. The scholarly literature informs us, for example, about William Paley's 1802 classic study entitled *Natural Theology*, which Whitman read in the new American edition of 1847. He took Paley's writing as a systematization of the so-called argument of design, summarizing 'the great harmony of purpose evinced in the structure and movements of worlds, … evinced—to our mind quite as wonderfully—in the structure and frame of animals and other growing life.'[110]

And then there was Alexander von Humboldt's multivolume *Kosmos: Entwurf einer physischen Weltbeschreibung* (*Cosmos: A Sketch of a Physical Description of the Universe*) published between 1845 and 1850, to which Whitman devoted a poem, entitled 'Kosmos,' whose very title he retained in the well-known 'self-identification' in his *Song of Myself*: 'Walt Whitman, an American, one of the roughs, a kosmos'; and, somewhat later, 'Walt Whitman, a kosmos, of Manhattan the son.' 'Kosmos' meant for both Humboldt and Whitman the historically reflected sense of an infinitely diversified yet fundamentally harmonious order of which human beings formed the very pinnacle. But then, in good transcendentalist or moral perfectionist tradition—and in undeniable anticipation of the pragmatism that would find its voice much later—at least Whitman thought of this cosmic ordering as 'democratic' at bottom and, indeed, from the bottom up. Drawing on insights he found in Justus Liebig's 1810 work entitled *Die Chemie in ihrer Anwendung auf Agricultur und Physiologie* (*Chemistry in Its Application to Physiology and Agriculture*), whose American translation had appeared in 1847 to great acclaim, Whitman (who had effusively praised the book in a review) insisted, as one of his biographers aptly summarizes,

> that even if matter were all, nature constantly regenerates itself and turns death into life through chemical transformation. The cyclical quality of all natural things was commonly emphasized by scientists of the day. Liebig gave the idea validity through the study of transferred chemical compounds. When an organism decomposed, its atoms where chemically recombined, immediately giving rise, in his words, 'to another arrangement of the atoms of a body, that is, to the production of a compound which did not before exist in it.' Every thirty years, he estimated, nearly a billion people and several billion animals died and were absorbed into the earth. Their atoms became transferred to the earth, rocks, and the varieties of plant life, whose atoms in turn became the source of new life...
> There seemed, then, to be an ongoing resurrection and a democratic exchange of substances inherent in nature.[111]

The thought may strike us now as weird, counterintuitive, perhaps, slightly immoral even. But it resonates with a much older scientific, philosophical, and deeply theological conviction that dates back to the Greek atomists, their medieval Islamic interpreters, early modern Christian occasionalists, and later speculative materialists: all of them fond of miracles, miracle belief, and their functional equivalents.

No better expression of this democratic 'atomism' Whitman takes from this long—and, admittedly, quite heterogeneous—tradition than the famous opening lines of his poem 'Songs of Myself':

> *I celebrate myself, and sing myself,*
> *And what I assume you shall assume,*
> *For every atom belonging to me as good belongs to you.*[112]

No more telling confirmation of its central intuition than Whitman's no less famous affirmation that 'I contain multitudes.'

∾

As so often throughout the history of Western imagination, it is, in Whitman's case, paradoxically, the very appeal to more or less stringent scientific forms of naturalism—atomism and materialism, mechanicism and automatism—that allows quasi-religious musings and theological tropes to emerge and resurge, flourish and receive their distinctive (now progressive and liberating, then again regressive, not to mention reactionary) profile. This is nowhere clearer where miracles and miracle beliefs are at stake and become the expression—or vehicles—of this mediation, whose most remarkable effect is a new immediacy of things (beings, events), of sorts.

In Whitman's case as in so many others, miracles demonstrate that the relationship between faith and knowledge, ritual and know-how—more broadly, between religion and modernity, indeed, secularity and all the historical as well as cultural, economic and technological, indeed, media trends on which it relies—is hardly a *zero sum game*. As one goes up, the other doesn't, thereby, go down. Religion and its putative naturalist other do not stand in a relation that is inversely proportional, as if the expansion or intensification of the one would necessarily lead to a diminishing reach and weakening, let alone demise, of the other. On the contrary, religion and, especially, miracles may very well inform, propel, and vehicle the very things that our technological modernity is *believed* to substitute for them. And in this paradox or aporia (the difference matters little) lies its renewed role as a factor of some importance in the public or, rather, global domain. Whitman expresses as much as he anticipates this conjunction of factors, whose overall effect turns each everyday phenomenon into a potential event of near- or sheer miraculous quality.

It is, precisely, the conjunction between the old and new naturalisms on which Whitman draws, on the one hand, and the references to theological, religious and mystical, 'depths' to which he resorts, on the other, that opens the 'democratic vistas' of which he speaks so passionately (and for which more modest or consequent alternatives in the earlier and later tradition of political thought can easily be found).

Both aspects, the natural and the theological, are based upon a peculiar way of seeing or, as we said, 'optics,' whose peculiar logic and alternation—of 'seeing aspects,' as Ludwig Wittgenstein might have said, of 'double vision,' as Sari Nusseibeh adds—we still find it hard to understand in its full implications (for Whitman and his times, let alone our own).

In 'Song of Myself,' it is the assumption of a 'natural cyclic' pattern that—quite literally—feeds into a 'democratic interchange of atoms,' which, in turn, lifts ordinary things out of their habituation and slumber, thus setting free a 'miracle of the commonplace' in its wake.[113] But *Leaves of Grass* experiments with other forms of conjunctions as well. Inspired by the American Transcendentalists' aesthetic sensibilities—Whitman makes reference to Emerson's essay on 'Spiritual Laws'—Whitman's work re-imagines the task of poetry and the poet as one that 'traversed the whole range of experience and uncovered analogies that changed the lowliest phenomena into things of beauty.'[114] For one thing, for Whitman, unlike Emerson, this means to incorporate the 'real Americanness' found in the idiom of the street, of 'slang,' 'the lawless germinal element, below all words and sentences, and behind all poetry'; for another, as he also puts it (with an interesting turn of phrase, if you come to think of it), it implies and requires nothing less than a resolute 'protestantism of speech.'[115]

It has often been noted that, throughout his continuously revised and expanded editions of *Leaves of Grass*, Whitman succeeded in transforming the 'negative centers' of collective-social and individual-existential crises—notably, the apparent failure of America to live up to its promise, political corruption, the relationship between the sexes, his own struggle with sexual orientation—into 'triumphantly affirmative' poems.[116] It was, as one of his biographers observes, especially the creation of an 'all-powerful 'I'' that tried mightily to relieve both social and private ills by tapping into America's well-stocked reservoir or archive of affirmative cultural images,' thus expressing a 'fundamental faith in the power of the poet to restore equilibrium and connectedness to apparently disconnected phenomena.'[117] Of this poetically re-imagined 'I,' Whitman suggested, President Abraham Lincoln was 'virtually the living embodiment'; in other words, 'If *Leaves of Grass* and the Civil War were one, they particularly came together in Lincoln.'[118]

Whitman and Lincoln never met in person, but the latter's assassination and martyrdom in 1865 constituted, in Whitman's eyes, the major event in America's history so far. Whitman's poems 'When Lilacs Last in the Dooryard Bloom'd' and 'O Captain! My Captain,' movingly capture the impression the President made, in life and in death. And the paradoxical effect of the catastrophic event of the brutal murder, Whitman also felt, was one of 'social unification,' Lincoln's death being 'a cement to the whole people, subtler, more underlying, than any thing in written constitution, or courts or armies.'[119]

No doubt, this effect of Lincoln's persona and presidency had something to do with the fact that he, more than any of his predecessors (and unparalleled by any of his successors, perhaps, with the possible exception of current president, Barack Obama), was a 'writer' in his own right, whose words steered a nation through one of its deepest crises and darkest moments, the abolition of slavery, the secession of the South, and the Civil War. Fred Kaplan, in a recent biography detailing Lincoln's career as a writer, even suggests that Lincoln's 'best poem'—condensing and 'synthesizing the dominant themes of his philosophic and his political-social interest'—found a 'level of literary expressiveness' that resembled that of Whitman's oeuvre, anticipating the poet's 1882 volume, entitled *Specimen Days*. Lincoln's first line: 'Every blade of grass is a study...'[120]

But there were other parallels between the president and the poet as well and they are of more than anecdotal or documentary value. As Daniel Mark Epstein notes, Lincoln and Whitman were not only two 'visionaries' who 'dominated the American scene from 1855 until 1865 in their respective fields of politics and literature'; in his view, their respective writings, 'unique but analogous, have continued to affect our lives and thoughts, down to the present generation.'[121] In fact, there may well have been numerous ways in which their shared 'poetics of union' enabled an ongoing inquiry into the relationship between 'art and policy,' as Allen Grossman has suggested, and one that persists to this day.[122]

So much for the background of Whitman's 'Miracles.' If we now turn to the poem itself, we are immediately struck by the fact that it steers altogether clear from mentioning traditional, spiritual or supernatural wonders and prodigies, while it also makes no explicit reference to scientific and technological marvels (for which there would have been plenty historical and contemporary examples to draw from as well). Whitman's 'Miracles' shuns miracles and miracle belief in the classical and modern theological definition and shies away from equating 'miracles' with the artificiality of special effects that man-made media, already in his own days, produced. Are there reasons for these deliberate omissions, if that is what they are?

In the 1855 'Preface,' Whitman, explicitly cautioning against making too much of the supranaturalism of old, said:

> The whole theory of the special and supernatural and all that was twined with it or educed out of it departs as dream. What has ever happened ... what happens and whatever may or shall happen, the vital laws enclose all ... they are sufficient for any case and for all cases ... none to be hurried or retarded ... any miracle of affairs or persons inadmissible in the vast scheme where every motion and every spear of grass and the frames and spirits of men and women and all that concerns them are unspeakably perfect miracles all referring to all and each distinct and in its place. It is also non consistent with the reality of the soul to admit that there is anything in the known universe more divine than men and women.[123]

Whitman would leave little doubt, then, that the traditional religious and metaphysical—call it onto-theological—concern with phenomena which violate or contravene the law and order of nature and are, hence, supra-natural has no place in his own adoption of the miracle as the epitome, or indeed the very event, of modern experience.

But, if 'all things of the universe are perfect miracles, each as profound as any,' as the 1860 'Proto-Leaf'—first entitled 'Premonition' and subsequently 'Starting from Paumamok'[124]—adds, why are technological marvels with their special, if artificial, effect upon us exempted from this view? Do man-made miracles (and there are quite a few explicitly mentioned throughout the poem as it surveys the streets and roofs and streetcars of Manhattan) not square with technological products or signs, whose perceptual impact on us can be just as powerful in effecting wonder and admiration, indeed, result in nothing short of the conversion of our gaze? More precisely, should human artifacts be distinguished from technological ones (as if the distinction would be that between the artisanal and the industrial—a strange dualism where it is, after all, modern city life that is invoked here)? Is it because Whitman assumes that technology, like crude materialism and its instrumental rationalism, merely blocks the sight on Transcendentalism's infatuation with the *generic miracle* that life—in each of its organic, cosmic and human forms—represents or, rather, expresses? At times, this would seem to be the case, notably in passages in which Whitman echoes an anti-technological affect that is as old as the history of Western metaphysics, indeed, of religion and theology alike. I am thinking in particular of the following lines that, like our poem, invoke the power of even the tiniest—minimal—miracle over the grandest of claims. As *Song of Myself* sings it:

> *I believe a leaf of grass is no less*
> *than the journey-work of the stars, (…)*
> *And the narrowest hinge in my hand*
> *puts to scorn all machinery,*
> *And the cow crunching with depress'd head*
> *surpasses any statue,*
> *And a mouse is miracle enough*
> *to stagger sextillions of infidels.*[125]

Or should we take all references, in the poem 'Miracles' and throughout *Leaves of Grass*, to modern aspects of commerce and communication, transport and exchange, as stand-ins for the technological wonders and marvels, that is, as the very innovations and novelties that nineteenth century science and knowledge (and know-how) had made possible and all too palpable to go unnoticed by the poet's eye?

The apparent discrepancy between *Miracles'* invocation of everyday miracles—of miracles *everywhere*—on the one hand, and the lack of any explicit celebration of modern, say, technological or artificial marvels, on the other, is all the more striking since it conflicts with what Gatta aptly describes as 'a deliberate scheme of catholicity built into Whitman's account':

> In broadest outline, the tally of miracles moves from human artifacts to still pictures of nature, on to human relations, and back to animate and astronomical versions of nature. Within this loose sequence the poet also manages to evoke a broad scale of physical sensations: here is an awakened Self seeing and talking, watching animals feed, walking hard pavement, and wading with named feet. Whitman's incantatory pulse helps to underscore the synaesthesiac unity embracing the array of sensory stimuli.

Yet the poem takes care to qualify its *apparently* facile confidence that everything is miraculous.[126]

Perhaps, then, there is a sense in which Whitman's return to the traditional trope or commonplace of miracles is nonetheless an integral part of an appreciation of new technologies and, indeed, media that remain largely implicit in our poem?

ᛦ

Literary scholars and intellectual historians have argued that the later Whitman, more than any other among his contemporaries—and for all his invective against 'machinery'—was attuned to the revolutions in economy, technology, and communication that transformed American life in the nineteenth century and turned it into 'the America of huge corporations, machines, robber barons, advertising agencies, department stores, and rampant consumerism.'[127] In the 1870s and 1880s Whitman would compose vast 'vistas of machines, inventions, and other engineering marvels.'[128] In the new industrial era with its expansion of railways, telegraph, and telephone, Whitman now discovered the 'type of the modern' and 'new avenues toward intercommunication and linkage.'[129] As examples of these new themes, Reynolds mentions the following 'technology poems': 'A Passage to India,' 'The Return of the Heroes,' and 'Song of the Exposition.'

The first poem, completed in 1870 and considered, by Whitman, to be one of his most representative ones ('There is more of me, the essential ultimate me, in that than in any of the poems'), speaks of technological marvels directly and upfront:

> *Singing the great achievements of the present,*
> *Singing the strong light works of engineers,*
> *Our modern wonders.*

It is these, plus the railroads and the 'seas inlaid with gentle eloquent wires,' that offer the poet a vision of technology's role in the possibility of new unity, of

> *The earth to be spann'd, connected by network,*
> *The oceans to be cross'd and the distant brought near,*
> *The lands to be welded together.*

Indeed, the conditions and heralds of technological modernity seem to precede and enable a more massive poetological and theological motif and motivation than any—say, unmediated—traditionalism in literary or religious sensibility would have been able to accomplish:

> *After the great captains and engineers*
> *have accomplished their work,*
> *After the noble inventors, after the scientists, the chemist, the*
> *geologist, the ethnologist,*
> *Finally shall come the poet worthy of that name,*
> *The true son of God shall come singing his songs.*

As Reynolds observes, Whitman's *Passage to India* thus moves effortlessly from 'technological wonders to optimistic religion. When the poet of the future arrives, he assures us, all human woes will disappear, and spiritual unity will be achieved:

> *All these separations and gaps shall be taken up*
> *and hook'd and link'd together,*
> *... Nature and Man shall be disjoin'd and diffused no more,*
> *The true son of God shall absolutely fuse them.*[130]

More broadly, therefore, Whitman's sense of 'progressive evolution' is here wielded to the 'unfolding of cosmic purposes.'[131] And our poem 'Miracles' aspires to nothing less, nothing more.

And, in more mundane terms, Whitman's poem 'Song of the Exposition' exulted a unification of the world:

> *With latest connection, works,*
> *the inter-transportation of the world*
> *...Our own rondure, the current globe I bring.*

This said, is Whitman's affirmation of the elective affinity between mechanicism and miracles unqualified?

Reynolds leaves no doubt that as the 'cultural poet' of America, the later Whitman, faced with the new industrial and technological age, also 'showed signs of bafflement and exhaustion':

> Whitman was not up to the task. *Song of the Exposition* was the final vast poem about American life he would ever write. He would continue to treat America—its history, its leaders, its inventions—in individual poems, but never again with the sweep he manifested in *A Passage to India* and *Song of the Exposition*.[132]

Against this background of the evolution of his thought and writing, then, Whitman's view in the poem 'Miracles' comes across as deeply ambiguous, nuanced, and much less resigned. As Gatta notes:

> The poem's first hint of provocative ambiguity comes in that opening question, 'Why, who makes much of a miracle?' At one level the poet is evidently taunting those who would 'make much' of wonder-working in the sense of highlighting spectacular incursions of divine power into the common rhythm of existence. For Whitman the miraculous meant nothing if sought in autonomous episodes interrupting the grand surge of life, if severed from organic connection with 'what is commonest, cheapest, nearest, easiest.' There is, then, a coyly satiric edge to Whitman's inquiry, as the speaker scarcely believed anyone could entertain such misguided views, while knowing full well that many did.
>
> Yet at another level the question is applied in earnest. The remainder of the poem indicates that the poet himself 'makes

much' of miracles within the terms of his own dissenting definition. Thus, the main burden of Whitman's lyric is to clarify the distinction between true and false conceptions of the marvelous.[133]

Yet, where everything can be a miracle, everything is. And, thereby, the question of how to distinguish between 'true' and 'false' ones becomes, strictly speaking, moot. Is this all there is to say, then? Or should we simply say that Whitman's 'distinction' between 'true' and 'false' is not one that invites or allows one to use epistemological or, for that matter, theological criteria? After all, distinctions must be *made*, whether by the poet, the reader, the one who walks the streets of Manhattan or surveys the everyday wonders of life, of cosmic proportions, of the hustle and bustle, the pacing and spacing of modern times. And, if distinctions are to be made, this means that they are essentially *our call* in whatever way we are able and willing to see and name things and trends, people and events.

In one of his notebooks Whitman attributes this faculty of 'sight' and genuine, that is to say, non-criteriological discrimination of things and beings to nothing less than 'the immortality of the soul' and invokes an 'equally subtle' miracle of 'volition' as the very gesture with which such calls are made, in no more than an 'instant,' time and again, from within the reified and habitualized thickness of the everyday. Moreover, what such minimal gestures bring back to live—literally, render 'fluid'—is nothing short of the maximum they can aim for, namely 'the whole of physical nature':

We hear of miracles.—But what is there that is not a miracle? What may you conceive of or name to me in the future that shall be beyond the least thing around us?—I am looking in your eyes,—tell me then, if you can, what is there more in the immortality of the soul . . . than this spiritual and beautiful miracle of sight?—By the equally subtle one of volition, I open two pairs of lids, only as big as peach pits, when lo! the unnamable variety and whelming splendor of the whole world come with silence and with swiftness to me.—In an instant make I fluid and draw to myself, keeping each to its distinct isolation and no hubbub or confusion or jam, the whole of physical nature, though rocks are dense and hills are ponderous, and the stars are away off sextillions of miles.[134]

What this passage makes clear is what Gatta, with a helpful terminological suggestion, calls the miracle's 'phenomenological condition,' that is to say, Whitman's insight that 'no miracles occur apart from acts of human perception,' or, again, that

> a miracle presents itself as such only when viewed through the Transcendental eye by an illuminated 'I.' The 'miracle of miracles' underlying Whitman's universal astonishment is a prior knowledge of ecstasy in which the soul 'tells and tests by its own archimedic power.'[135]

Gatta calls this assumption 'the spiritually subjective premise' behind Whitman's 'miracle theory.'[136] It should be noted that this principle is not only evinced by Whitman's repeated use of the phrase 'to me' (four times in the poem under consideration and also in the other related passages that we have cited); it is further based on broader and deeper intuition that the luminescence of mystery at the heart of matter, the dynamic interpenetration of sacred and profane, reveals itself as wonder only as mediated through the alchemizing senses of an awakened self. Not only beauty, but the organic coherence of a sacramental universe stands in large measure within the eye of the beholder.[137]

But such coming to see things and beings, events and effects, in certain ways rather than others may stand in need of being helped by the prophet-poet-seer, who thus becomes a 'miracle worker', performing 'his' miracles through the transmutative medium of imaginative verse.[138] This would already be clear from the opening lines of 'Miracles,' to be found in the 1860-70 edition of *Leaves of Grass* (and missing from the others):

> *What shall I give? and which are my miracles?*
> *Realism is mine—my miracles—Take freely,*
> *Take without end—I offer them to you wherever*
> *your feet can carry you, or your eyes reach.*

In conclusion, just as Whitman—the self-proclaimed 'American bard'—tried to 'wrest the word "American" from partial definitions and seek the largest possible applications for the term,'[139] so also his use of the word and concept of 'miracle' aims to realize and evoke a *simultaneous extension and intensification* of this term's meaning and force. That this poetic engagement with the miracle and miracle belief leads, inevitably, to their *trivialization* or *banalization* is no less obvious.

Where everything can be—and, hence, as we said, is—a miracle, nothing need strike us as such, nothing ordinary might be baptized by us with extraordinary meaning. The affirmation of miracles as the epitome of modern life thus runs the risk of exhausting itself and petering out. Instead of being the engine of perceptual, cultural and political change, it may well run out of steam and lose the very faith of a no longer 'powerful I' that—subjectively, phenomenologically—brought it into being and prominence, in the first place. But then, this may also mean that these same phenomena have already done their work and left their mark. As Whitman writes in the 1855 Preface to the First Edition of *Leaves of Grass:* 'The signs are effectual.'[140]

The ambiguity between extension-intension, on the one hand, and trivialization-banalization, on the other, leaves room for alternative evaluations of the same set of phenomena and seems confirmed by Whitman's increasing disillusionment with the fate of American politics as it struggled, unsuccessfully, with the problems of slavery, mass immigration, and a decrepit party system. Whitman's exclamation: 'We want no *reforms,* no *institutions,* no *parties*—We want a *living principle* as nature has, under which nothing can go wrong'[141] seemed more of an empty gesture and light-years removed from the sturdy optimism that 'Miracles' had exhaled in each of its lines. In other words, Whitman ended up taking the very same 'miracles' to signal that all things, beings, and events may well turn out to be different from what they presented at first.

Much goes wrong or turns sour under virtually any 'principle,' even a 'living' one, and Whitman's earlier confidence in his own conception of a larger nature formed no exception. In the end his cultural 'unitarianism' offered no simple remedy for the social and political as well as personal divisions and tensions that the poet—impersonating the collective and individual 'I' and the exchanges, mutations, between the two—not only diagnosed but had also sought to heal.

Much goes wrong, no doubt, in our however modest attempts to appreciate and emulate, let alone imitate, Whitman's original zeal. We live in a world now, Whitman tells us, which has cause for wonder and that has learned how to wonder at what, heretofore, had seemed merely caused or effected; a world, finally, in which virtually any sign can be seen as special, as a miracle, of sorts.

Extending Whitman's suggestion, we might surmise that the impression and impact that signs, like wonders, make on us has become an ever more special feature of our experience as it is increasingly mediated by technological means of mass transportation as well as of communication, many of them acquiring a virtual life of their own and making up the true insignium of modern—in some cases (e.g., Manhattan), global—cities.[142] It is, paradoxically, in the very 'space of flows' and 'timeless time'[143] that certain words and things, gestures and powers, sounds and silences, affects and effects can become all the more invested with a deeper meaning and acquire their unique profile against a foil that would seem to homogenize and level everything new from the getgo. But, in this, social and, especially, political realities also seem to merely echo and realize a much earlier insight: namely, that it was the modern, naturalist and mechanicist, understanding of science, premised on universal causal laws that allow neither exception nor violation, that, paradoxically, propelled the theoretical and, indeed, philosophical concept of miracle and miracle belief into new relevance at the dawn of the 'secular age.'

Hent de Vries

The strictest of naturalisms not so much excludes but invites, if not presupposes, the very question that was on Whitman's mind when writing his 'Miracles.' In seeking causes for wonders, it cannot but wonder at (its) causes, that is to say, at its origins and overall aims. Asking 'why asking why?,' it stumbles upon an age-old insight and perennial query that is neither metaphysical nor theological in the end, but instead is rooted in the deep pragmatism of the ordinary and the everyday: 'What is there that is not a miracle?'

Prof. dr. H. de Vries studied theology and philosophy at Leiden University, where he received his PhD with his thesis Theologie im Pianissimo & zwischen Rationalität und Dekonstruktion. Die Aktualität der Denkfiguren Adornos und Levinas', Leuven: Peeters, 1989. *Hent de Vries is Professor in the Humanities at The Humanities Center & Department of Philosophy of Johns Hopkins University; he is also professor of systematic philosophy and philosophy of religion at the University of Amsterdam.*

Eindnoten

Doedens

[1] Paul van Ostaijen, 'Alpejagerslied,' in: Verzamelde gedichten, red. Gerrit Borgers, Amsterdam: Prometheus/Bert Bakker, 1996[13], 504.

[2] Voor het volgende vgl. José Boyens, *De genesis van Bezette Stad*, Antwerpen: Pandora, 1996; Martinus Nijhoff, 'Paul van Ostaijen', in: *De pen op papier. Verhalend en beschouwend proza, dramatische poëzie*, Amsterdam: Prometheus, 1994, p. 214-221, Paul van Ostaijen, *Metafiziese Jazz*, Utrecht: Knippenbergs uitgeverij, 1981.

[3] Paul van Ostaijen, 'Berceuse voor volwassenen', in: *Verzamelde gedichten*, 499.

Goud

[4] Over deze ontwikkeling en de betekenis daarvan voor onze kijk op respectievelijk romans en poëzie schreven Thomas Vaessens, *De revanche van de roman. Literatuur, autoriteit en engagement*, Nijmegen: Vantilt, 2009 en Geert Buelens, *Oneigenlijk gebruik. Over de betekenis van poëzie*, Antwerpen/Nijmegen: Vantilt, 2008.

[5] George Steiner, *Tolstoy or Dostoevsky. An Essay in the Old Criticism*, New York: Knopf, 1959, p. 3 en 6.

[6] Rob Schouten, *Vestdijk-jaarboek 1996*, p. 52 vv.

Eindnoten

[7] Zoals het staat in de slotzin van Vestdijks roman *Terug tot Ina Damman*. *De geschiedenis van een jeugdliefde*, Anton Wachterromans 3, 's-Gravenhage-Rotterdam: Nijgh & Van Ditmar, (oorspr. 1934) 1982, p.193.

[8] In een brief van 19-11-1943 aan Theun de Vries. Zie S.Vestdijk & Theun de Vries, *Briefwisseling*, Amsterdam: Querido, 1985, p. 138.

[9] Gepubliceerd in het tijdschrift *Forum*, 1932. Hazeu geeft een opsomming van de talrijke auteurs die door Vestdijk ontdekt of in Nederland geïntroduceerd werden (*Vestdijk. Een biografie*, Amsterdam: Bezige Bij, 2005, p.12-13).

[10] Hella Haasse, *Lezen achter de letters*, Amsterdam: Athenaeum, 2007, p. 65.

[11] Idem, p. 71.

[12] T. van Deel, *Veel lied'ren zijn gezongen. De poëzie van S. Vestdijk*, Amsterdam: Bezige Bij, 1987, p. 32-33. Verwijzend naar 'Fabels met kleurkrijt XI', *Verzamelde gedichten*, I, Amsterdam: Athenaeum/Polak & Van Gennep, 1987, p. 439.

[13] 'Op een gekleurden stuiter', *Verzamelde gedichten*, I, p. 82.

[14] *Verzamelde gedichten*, II, 48.

[15] *Keurtroepen van Euterpe. Acht essays over componisten*, Amsterdam: Meulenhoff, 1983 (oorspr. 1957), p. 112.

[16] In zijn artikel 'Identifikatie en isolement', in het aan Vestdijk gewijde dubbelnummer van *Maatstaf*, 19 (augustus-september 1971) p. 216-250.

[17] Simon Vestdijk, *De toekomst der religie*, Arnhem: Van Loghum Slaterus, 1947.

[18] S.Vestdijk & Theun de Vries, *Briefwisseling*, pp. 81-82.

[19] T.van Deel, 'Vervoering en vakmanschap', in *Vestdijk-jaarboek 1996*, p. 42.

[20] Een fascinerend overzicht van de betekenis van het hooggebergte in Vestdijks werk geeft Hella Haasse, 'Geheimen van het hooggebergte. Over Simon Vestdijk', in Hella Haasse, *Zelfstandig, bijvoeglijk. Zeven essays over schrijvers, schrijfsters en hun personages*, Amsterdam: Querido, 1972, p. 70-101.

[21] Wim Hazeu, *Vestdijk*, p. 404-405.

Eindnoten

[22] Eveneens door Hazeu aangehaald, t.a.p. Zie Vestdijks *Verzamelde Gedichten*, deel II, p. 289.

[23] *Verzamelde Werken van Multatuli*, Garmond-editie, tiende deel. Amsterdam: Elsevier, 1918, p. 59.

[24] Aldus Hella Haasse in haar artikel 'Ina Damman en enkele van Vestdijks "Oude meesters", in haar bundel *Lezen achter de letters*, p. 67.

[25] Ida Gerhardt, *Verzamelde Gedichten*, Amsterdam: Athenaeum-Polak & Van Gennep, 1985, p. 128.

[26] 'Geloof als bewaren van een geheim', in W.B. Drees (red.), *Een beetje geloven. Actualiteit en achtergronden van het vrijzinnig christendom*, Amsterdam: Balans, 1999, p. 85-101.

[27] Zoals Herman Philipse hem typeerde, in *Atheïstisch manifest en De onredelijkheid van religie*, Amsterdam: Bakker, 2004, 6e druk, p. 29, 193.

[28] Hazeu, *Vestdijk*, p. 405. Uit Hazeus tekst is af te leiden dat de brief rond 23 maart 1943 geschreven moet zijn.

[29] *Een beetje geloven*, p. 98.

[30] *Essays in duodecimo*, Amsterdam: Meulenhoff, 1976, derde druk (oorspr. 1952), 'III. Landschap zonder zon', p. 11-16.

Goudriaan

[31] Henri A. Krop, Arie L. Molendijk, Hent de Vries, '"Striving for Honesty": Interview with H.J. Adriaanse', in Krop/Molendijk/De Vries (ed.), *Post-Theism: Reframing the Judeo-Christian Tradition*, Leuven: Peeters, 2000, 9-31, hier 23.

[32] Aratus, *Phaenomena*, 1-5. De Griekse tekst is genomen uit de online *Thesaurus Linguae Graecae*.

[33] Online beschikbaar, http://www.theoi.com/Text/AratusPhaenomena.html.

[34] Riemer Faber, 'The Apostle and the Poet: Paul and Aratus,' in *Clarion* 42 (1993, nr. 13), online op http://spindleworks.com/library/rfaber/aratus.htm.

[35] F.F. Bruce, *The Acts of the Apostles. Greek Text with Introduction and Commentary*, 3de ed., Grand Rapids, Inter-Varsity Press, 1990, 385.

[36] Dominique Janicaud publiceerde *Le tournant théologique de la phénoménologie francaise*, Combas: L'Éclat, 1991; Engelse vertaling in Domini-

Eindnoten

que Janicaud et al., *Phenomenology and the "Theological Turn"*. *The French Debate*, New York: Fordham Press, 2000.

[37] Dominique Janicaud, *Phenomenology "Wide Open"*. *After the French Debate*, vert. Charles N. Cabral, New York: Fordham Press, 2005, hoofdstuk 2 ("An Atheist Phenomenology?"), hier 17-18.

[38] Michaël Foessel en Olivier Mongin, 'De Descartes à Augustin: un parcours philosophique. Entretien avec Jean-Luc Marion', *Esprit* (2009/7), 86-103, hier 94 en 95.

[39] Zie bijvoorbeeld Wouter Goris, *Absolute Beginners. Der mittelalterliche Beitrag zu einem Ausgang vom Unbedingten*, Leiden: Brill, 2007.

[40] G.W.F. Hegel, *Wissenschaft der Logik*, als motto geciteerd in Goris, *Absolute Beginners*, v. De tekst is hier geciteerd vanuit een digitale collectie: Frank-Peter Hansen (ed.), *Philosophie von Platon bis Nietzsche*, 1998.

[41] De vraag of Paulus de passage vanuit Aristobulos, een joodse auteur, heeft geciteerd, zij hier in het midden gelaten. Zie het in noot 3 genoemde artikel van Faber en vooral de aldaar geciteerde publicatie van M.J. Edwards in het *Zeitschrift für die neutestamentliche Wissenschaft* 83 (1992).

[42] J.H. Gunning JHz, *Onze eeredienst. Opmerkingen over het liturgische element in den gereformeerden cultus*, Groningen: Wolters, 1890, 44; A. Kuyper, *Onze eeredienst*, Kampen: Kok, 1911, 176-180.

De Haas

[43] Wislawa Szymborska, *Einde en begin, Verzamelde gedichten*. Uit het Pools vertaald door Gerard Rasch, Amsterdam: Meulenhoff, 2010, p. 277-278.

[44] Vgl. 'Zelden staat ze ons bij/tijdens slopende bezigheden als meubels verplaatsen/en koffers tillen/of een weg afleggen op knellende schoenen.//Bij het invullen van formulieren/en het hakken van vlees/ heeft ze doorgaans vrij.' 'Enige woorden over de ziel', in Wislawa Szymborska, *Einde en begin*, p. 232.

[45] 'Enige woorden over de ziel', p. 332.

[46] Vgl. het gedicht 'Niets cadeau', p. 304. De term *Niets* in deze titel is dubbelzinnig; zij verwijst zowel naar de volledigheid van de lijst van weefsels, die de dood aan het eind van het leven weer inneemt, als ook naar het enige, dat de mens werkelijk geschonken is. Het *Niets* staat dan

Eindnoten

voor de ziel, die niet op de lijst voorkomt en zich tegen de dood verzet.' Vgl. ook: 'Reclamefolder' (p. 156): 'Sta mij je afgrond af-/ /.../ Verkoop me je ziel.'

[47] Vgl. 'Onder één kleine ster', p. 185.

[48] Vgl. 'Enige woorden over de ziel', p. 333.

[49] Vgl. 'Martelingen': 'In deze landschappen doolt de kleine ziel,/Ze verdwijnt, komt terug, nadert en verwijdert zich, /een vreemde voor zichzelf, ongrijpbaar,/nu eens zeker, dan weer onzeker van haar bestaan.' (p. 255).

[50] Zie 'Een Begrafenis', p. 259: 'zo plotseling, wie had dat verwacht'/ 'zenuwen en sigaretten, ik heb hem gewaarschuwd'/ 'redelijk, dank je'/ 'pak die bloemen uit'/ 'zijn broer had het ook aan zijn hart, vast een familiekwaal'/ 'met die baard had ik u nooit herkend'/ /'eigen schuld, hij moest zich overal mee bemoeien'/ 'die nieuwe zou iets zeggen, maar ik zie hem nergens' ...

[51] Vgl. p. 244.

[52] Vgl. 'Wanneer ik zoiets zie, verlaat me altijd de zekerheid/ dat wat belangrijk is/ belangrijker is dan wat onbelangrijk is.' (p. 279)

Hettema

[53] Ik leerde het vers kennen uit Teake Oppewal, Pier Boorsma (red.), *Spiegel van de Friese poëzie van de zeventiende eeuw tot heden*, Amsterdam: Meulenhoff, 1994. Later gaf het vers de titel aan de Friese literatuurgeschiedenis van Teake Oppewal e.a., *Zolang de wind van de wolken waait. Geschiedenis van de Friese literatuur*, Amsterdam: Bert Bakker, 2006.

[54] Oebele Vries, 'De âldfryske ivichheidsformule,' in: N.R. Århammar e.a. (red.), *Miscellanea Frisica. In nije bondel Fryske stúdzjes / A New Collection of Frisian Studies*, Assen: Van Gorcum, 1984, 89-96.

[55] 'Zolang als de wind waait, kind huilt, gras groeit en bloem bloeit.' 'Zolang land er ligt en mensen leven.' 'zolang als dauw valt, pot kookt, gras groeit, boom bloeit.'

[56] N.E. Algra, *Ein. Enkele rechtshistorische aspecten van de grondeigendom in Westerlauwers Friesland*, diss. RU Groningen, Groningen: Noordhoff, 1966, 40-43.

[57] Vries, 'Ivichheidsformule,' 90-91.

Eindnoten

[58] Woordenboek Middelnederlands via http://gtb.inl.nl. Het woordenboek vermeldt dat het middelnederlands op dit punt met het oudfries overeenstemt.

[59] *Kestigia* is een oudfries werkwoord voor zweren, al zou hier ook de betekenis 'kiezen' in het geding kunnen zijn: het is de aanklagende partij die mag kiezen of de beklaagde zijn bewijslast moet verzwaren met meer getuigen of de zaak moet voortzetten met een kampgevecht (waarvoor hij een kampvechter mag inhuren). Zie R.J. Cleveringa, *Het oud-Friese 'kestigia'*, Amsterdam: Noord-Hollandsche Uitgeversmaatschappij, 1959.

[60] Wybren Jan Buma, Wilhelm Ebel, *Westerlauwerssches Recht I. Jus Municipale Frisonum. Zweiter Teil*, Göttingen: Vandenhoeck & Ruprecht, 1977, 345-346, 638-640.

[61] Vul aan met: ende alle zijne helghen toe een riuchte eed ende di al oenmenis ti wisena.

[62] De fascinatie voor het dichterlijke in het juridische oudfries reeds bij Conrad Borchling, *Poesie und Humor im Friesischen Recht*, Aurich: s.n., 1908. Verder bij Eric G. Stanley, 'Alliterative Ornament and Alliterative Rhythmical Discourse in Old High German and Old Frisian Compared with Similar Manifestations in Old English,' *Beiträge zur Geschichte der deutschen Sprache und Literatur* 106 (1984) 184-217; Daniel P. O'Donnell, 'The Spirit and the Letter. Literary Embellishments in Old Frisian Legal Texts,' in: Rolf Bremmer e.a. (red.), *Approaches to Old Frisian Philology*, Amsterdam: Rodopi, 1998, 245-256. Zie *Zolang de wind*, 346.

[63] Paul Ricoeur, 'L'herméneutique du témoignage (1972)', in : Paul Ricoeur, *Lectures 3. Aux frontières de la philosophie*, Paris: Seuil, 1994, 107-139, pp. 110-117.

[64] Ricoeur, 'Témoignage', 117.

[65] Ik verwijs naar de nieuwste editie Paul Ricoeur, *Amour et justice*, Paris: Éditions Points, 2008, waarin ook opgenomen een vertaling van de Gifford lectures 'Le soi dans le miroir des Écritures' en 'Le soi mandaté. À l'école des récits de vocation prophétique'.

[66] Een thema dat Ricoeur vaak behandelt en dat het meest voldragen is uitgewerkt in zijn *Parcours de la reconnaissance. Trois Études*, Paris: Stock, 2004.

[67] Ricoeur, *Amour et justice*, 32vv.

Eindnoten

[68] Ricoeur, *Amour et justice*, 35.

[69] Ricoeur, *Amour et justice*, 42.

Van der Kooi

[70] John Donne, 'Good Friday, 1613. Riding Westward,' in: Odin Dekkers (samenst.), *Gedichten. John Donne*, Baarn: Ambo, 1993, 112-114.

Korbee

[71] De titel is ontleend aan het gedicht: p. 29. De inspringende regels zijn citaten uit het gedicht. De paginaverwijzingen, bijvoorbeeld (48), betreffen de eerste uitgave: Leo Vroman, *Liefde, sterk vergroot*, Amsterdam: Querido, 1981. Meerdere keren heb ik een citaat afgebroken of verkort. Soms geef ik dit aan met ...

Krop

[72] 'Na-reden' van *Belydenisse des algemeenen en christelyken Geloofs, vervattet in een Brief aan N.N.* [Spinoza], Amsterdam: Jan Riewertsz., 1684, [p. I-III]. Heruitgegeven in een Italiaanse editie: Jarig Jelles, *Belydenisse des algemeenen en christelyken Geloofs, vervattet in de Brief aan NN* (1684) / *Professione della fede universale e cristiana, contenuta in una lettera a N.N*, Macerata: Quodlibet, 2004. Vergelijk de *Tractatus de intellectus emendatione* waar Spinoza schrijft, dat slechts door zich verre te houden van aardse rijkdom, wereldse roem en de zinnelijke genoegens men een goed kan verwerven dat maximale en eeuwige vreugde geeft. De goederen van deze wereld 'leiden altijd tot de ondergang van hen die daardoor in bezit worden genomen.... De liefde echter voor een eeuwige en oneindige zaak bereidt de ziel alleen maar vreugde en is vrij van droefheid'.

[73] Brief 8, p. 105 (geciteerd naar de vertaling van *Spinoza, Briefwisseling*. Vertaald uit het Latijn en uitgegeven naar de bronnen alsmede van een inleiding en van verklarende en tekstkritische aantekeningen voorzien door F. Akkerman, H.G. Hubbeling, A.G. Westerbrink, Amsterdam: Wereldbibliotheek, 1977/1992.

[74] Brief 74, p. 399.

[75] Brief 75, p. 405.

Eindnoten

[76] *Belydenisse des algemeenen en christelyken Geloofs*, p. 148-156. Zie W.N.A. Klever, *Mannen rond Spinoza, presentatie van een emanciperende generatie 1650-1700*, Hilversum: Verloren, 1997, p. 137-140.

[77] *Belydenisse des algemeenen en christelyken Geloofs*, p. *4r en 84-92.

[78] *Litterarische fantasiën en kritieken* 18, Haarlem: Tjeenk Willink, 1883, p. 7.

[79] Verklarende noten bij het gedicht: r. 1 Gelukkigh...: een bekende regel uit Vergilius' *Georgica;* r. 2 onderlingen: lees onderling; r. 3 leventheên: lees levendheden; r. 4 uytgeziet ... oyt: lees uitgezonderd en ooit; 5. 5 leên: lees ondergingen; r. 6 schiedt: lees geschiedt; r. 8 gewracht: lees gewrocht; r. 10 nae blijven: lees uitblijven; r. 15 reder: lees gereder/sneller.

Noordegraaf

[80] Ida Gerhardt, *Verzamelde gedichten I*, Amsterdam: Athenaeum-Polak & Van Gennep, 1997, 126.

[81] Mieke van den Berg, Dirk Idzinga, *Trots en in zichzelf besloten. Ida Gerhardt. Afkomst en eerste deel van haar leven*, Kampen: Ten Have, 2005, 136.

[82] H.M. Van Randwijk, *Burgers in nood*, Nijkerk: Callenbach, 1936.

[83] Van den Berg, Idzinga, *Trots*, 140.

[84] Gerhardt, *Verzamelde gedichten I*, 119.

[85] Van den Berg, Idzinga, *Trots*, 83, 144-146.

[86] Zie nu voor de aangepaste versie lied 434 in het *Liedboek voor de kerken*, vers 2.

[87] Frans Berkelmans, *Kwatrijnen, sonnetten & kleengedichtjes. Over drie genrebundels van Ida Gerhardt*, Egmond-Binnen: Abdij van Egmond, 2000, 96.

[88] Ida Gerhardt / Marie H. van der Zeyde, *De Psalmen. Uit het Hebreeuws vertaald*, z.p.: Katholieke Bijbelstichting/Nederlands Bijbelgenootschap, 1972, 5.

[89] Gerhardt, *Verzamelde Gedichten*, 11.

Eindnoten

Schaafsma

[90] De titel is ontleend aan het slotvers van gezang 479 uit het *Liedboek voor de Kerken*:

'Laat dan mijn hart U toebehoren
en laat mij door de wereld gaan
met open ogen, open oren
om al uw tekens te verstaan.
Dan is het aardse leven goed,
omdat de hemel mij begroet.'

[91] Leo Vroman, 'Weer die psalmen', *Roodkoper* april 1998, p. 34.

[92] Leo Vroman, Psalmen en andere gedichten, Amsterdam: Querido, 1996.

Scheepers

[93] Asrubindu, *Huis en zee*, Amsterdam: Olive Press, 1998.

De Vries

[94] Walt Whitman, 'Miracles', cited after the Norton Critical Edition of Walt Whitman, *Leaves of Grass and Other Writings*, ed. Michael Moon, New York and London: W.W. Norton & Company, 2002, 327. Whitman's poem was originally entitled 'Poem of Perfect Miracles' in the 1856 edition. See also Walt Whitman, *Poetry and Prose*, ed., Justin Kaplan, New York: Library of America, 1996, 513-514.

[95] David S. Reynolds, *Walt Whitman's America: A Cultural Biography*, New York: Vintage Books, 1995, xii and 149.

[96] Ibid., 256.

[97] Ibid., 257. Italics are mine, HdV.

[98] John Gatta Jr., 'Making Something of Whitman's "Miracles",' in *ESQ*, Vol. 27, 4th Quarter, 1981, 222-229, 223. The expression 'the great debate on miracles' I borrow from R.M. Burns, *The Great Debate on Miracles: From Joseph Glanvill to David Hume*, London and Toronto: Bucknell University Press, 1981.

[99] Gatta, 'Making Something' 223.

Eindnoten

[100] Ibid. On the 'miracles controversy' between the Transcendentalists and the Unitarians, see Michael J. Colacurcio, 'A Better Method of Evidence: The Transcendental Problem of Faith and Spirit,' in *Emerson Society Quarterly*, vol. 54, 1969, 12-22; Barbara L. Packer, *The Transcendentalists*, Athens and London: The University of Georgia Press, 2007; first published by Cambridge University Press, 1995, 87 ff.; William R. Hutchison, *The Transcendentalist Minister: Church Reform in the New England Renaissance*, New Haven and London: Yale University Press, 2005, 52-97.

[101] Ralph Waldo Emerson, cited after Gatta, 'Making Something' 224.

[102] Emerson, cited after Gatta, 'Making Something' 224.

[103] See Packer, *The Transcendentalists*, 62 ff., 46-61, 277. The term 'annus mirabilis' is Perry Miller's. See his *The Transcendentalists: An Anthology*, Cambridge and London: Harvard University Press, 1950, 106 ff.

[104] Reynolds, *Walt Whitman's America*, 255.

[105] This influence was suggested by Betsy Erkkila in her *Walt Whitman Among the French: Poet and Myth*, Princeton: Princeton University Press, 1980, 13; cf. Gatta, 'Making Something' 228 n. 10.

[106] Reynolds, *Walt Whitman's America*, 257, cf. 253.

[107] The term is taken from James E. Miller Jr., *A Critical Guide to "Leaves of Grass"*, Chicago: The University of Chicago Press, 1957, chapter 1. Cited after Reynolds, *Walt Whitman's America*, 235.

[108] Ibid., 235.

[109] Ibid.

[110] Whitman, cited after ibid., 242.

[111] Ibid., 240. See also Mark Noble, 'Whitman's Atom and the Crisis of Materiality in the Early *Leaves of Grass*,' in: *American Literature*, Vol. 81, Number 2, June 2009, 253-279.

[112] Whitman, *Leaves of Grass*, ed. Moon, 26.

[113] Reynolds, *Walt Whitman's America*, 326, 327.

[114] Reynolds, *Walt Whitman's America*, 317.

[115] Whitman, cited after ibid., 319.

[116] Ibid., 322.

[117] Ibid., 324 and 338.

Eindnoten

[118] Ibid., 440.

[119] Whitman, cited after ibid., 443.

[120] Fred Kaplan, *Lincoln: The Biography of a Writer*, New York: Harper & Collins, 2008, 302 and 303.

[121] Daniel Mark Epstein, *Lincoln and Whitman: Parallel Lives in Civil War Washington* New York: Ballantine Books, 2004, ix.

[122] Allen Grossman, 'The Poetics of Union in Whitman and Lincoln: An Inquiry toward the Relationship of Art and Policy,' in Walter Ben Michaels and Donald E. Pease, eds., *The American Renaissance Reconsidered*, Baltimore: Johns Hopkins University Press, 1985, 183-204; reprinted in Whitman, *Leaves of Grass and Other Writings*, ed. Moon, 872-889.

[123] Whitman, 'Preface 1855—*Leaves of Grass*, First Edition,' in idem, *Leaves of Grass and Other Writings*, ed. Moon, 616-636, 626; see also Gatta, 'Making Something' 224-225.

[124] Whitman, *Leaves of Grass and Other Writings*, ed. Moon, 21.

[125] Whitman, 'Song of Myself', in ibid., 52.

[126] Gatta, 'Making Something', 226.

[127] Reynolds, *Walt Whitman's America*, 495.

[128] Ibid., 496.

[129] Ibid.

[130] Ibid., 500.

[131] Ibid.

[132] Ibid., 504.

[133] Gatta, 'Making Something', 222.

[134] Cited after Gatta, 'Making Something', 225.

[135] Ibid., 226. The final quote comes from Whitman's 'Democratic Vistas'.

[136] Ibid., 227.

[137] Ibid.

[138] Ibid.

[139] Reynolds, *Walt Whitman's America*, 152.

[140] Whitman, 'Preface 1855', 636.

[141] Reynolds, *Walt Whitman's America*, 153, cf. 327.

Eindnoten

[142] Cf. Manuel Castells, *The Informational City: Information Technology, Economic Restructuring and the Urban-Regional Process,* Oxford and Malden: Blackwell Publishers, 1989.

[143] Manuel Castells, *The Information Age: Economy, Society, and Culture,* Vol. 1 *The Rise of the Network Society,* Vol. 2 *The Power of Identity,* and Vol. 3 *End of the Millennium,* Oxford: Blackwell, 1996, 1997, 1998, Vol. 1, 374-375.

www.ingramcontent.com/pod-product-compliance
Lightning Source LLC
Chambersburg PA
CBHW022012160426
43197CB00007B/398